Le Referendum

Étude historique et critique

THÈSE POUR LE DOCTORAT

SOUTENUE DEVANT LA

FACULTÉ DE DROIT DE L'UNIVERSITÉ DE LYON

Le 21 Novembre 1900

PAR

Henri BAYLE

LYON

IMPRIMERIE DU SALUT PUBLIC

71, Rue Molière, 71

M DCCCC

REFERENDUM

Le Referendum.

Étude historique et critique

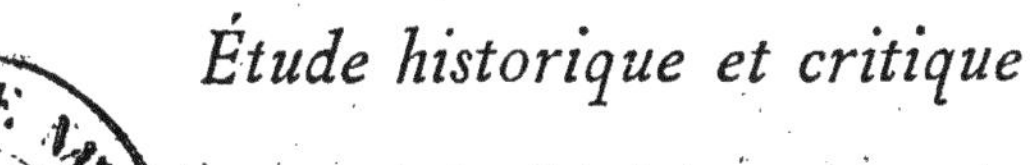

THÈSE POUR LE DOCTORAT

SOUTENUE DEVANT LA

FACULTÉ DE DROIT DE L'UNIVERSITÉ DE LYON

Le 21 Novembre 1900.

PAR

Henri BAYLE

LYON

IMPRIMERIE DU SALUT PUBLIC

71, Rue Molière, 71

—

M DCCCC

UNIVERSITÉ DE LYON

FACULTÉ DE DROIT

MM.

CAILLEMER, O. ✻, I. ❦, doyen, professeur de Droit civil, correspondant de l'Institut.

MABIRE, ✻, I. ❦, professeur honoraire.

THALLER, I. ❦, professeur honoraire.

AUDIBERT, I. ❦, professeur honoraire.

GARRAUD, I. ❦, professeur de Droit criminel.

APPLETON (Charles), I. ❦, professeur de Droit romain.

FLURER, I. ❦, professeur de Droit civil.

ROUGIER, ✻, I. ❦, professeur d'Economie politique.

COHENDY, ✻, I. ❦, professeur de Droit commercial.

PIC, I. ❦, professeur de Droit international public.

BARTIN, ❦, professeur de Droit civil.

APPLETON (Jean), ❦, professeur de Droit administratif.

LAMBERT, professeur d'Histoire du droit.

BOUVIER, professeur adjoint, chargé des cours de Science et de Législation financière.

LAMEIRE, agrégé, chargé du cours d'Histoire du droit public.

JOSSERAND, agrégé, chargé du cours de Procédure civile.

BROUILHET, agrégé, chargé du cours d'Histoire de doctrines, économiques.

HUVELIN, agrégé, chargé d'un cours de Droit romain.

BECQ (A.), ❦, secrétaire.

JURY DE LA THÈSE

MM. APPLETON (Charles), I. ❦, professeur, *président.*
JOSSERAND, agrégé, *assesseur.*
LAMEIRE, agrégé, *assesseur.*

A LA MÉMOIRE VÉNÉRÉE DE MA MÈRE

A MON PÈRE

LE REFERENDUM

Etude historique et critique.

INTRODUCTION

Au moment où le suffrage universel triomphe et tend à étendre chaque jour de plus en plus son empire, il ne nous a pas paru hors de propos d'examiner l'origine, le fonctionnement et la valeur d'une des plus démocratiques de toutes les institutions politiques, du *Referendum*.

Au delà du Jura, en effet, le suffrage universel est de beaucoup dépassé : les constitutions et les lois de la République helvétique doivent ou peuvent, suivant les cas, être soumises à l'approbation du peuple ; elles ne sont définitives qu'à la condition d'en référer au corps électoral, qui les adopte ou non en dernier ressort : de là le nom quelque peu barbare de Referendum, sous lequel on désigne cette participation directe du peuple à la mise en vigueur des pactes constitutionnels et des mesures législatives réglant l'organisation et le fonctionnement de l'Etat.

L'Etat est, chez tous les peuples, cette organisation supérieure chargée de régler les rapports des citoyens entre eux, de les protéger contre les attaques de leurs voisins, et d'assurer, pour ces peuples, l'ordre et la sécurité sans lesquels ils ne pourraient pas subsister.

C'est le pouvoir qui permet à une réunion d'hommes, ayant les mêmes traditions historiques, de constituer une personne morale indépendante, une nation, et ce pouvoir a sa source dans la souveraineté, qui donne, à ceux qui la possèdent, le droit de commander et de se faire obéir.

On s'est souvent demandé à qui appartenait cette souveraineté. Des réponses nombreuses, variant suivant les temps et les pays, ont été données à cette question. — Autrefois, on faisait appartenir la souveraineté à la divinité, par l'intermédiaire d'une caste ou d'un homme, ou bien à un roi, ou encore à une classe privilégiée ; mais aujourd'hui, d'une manière à peu près unanime, on reconnaît qu'elle appartient au peuple. — « La souveraineté chez un peuple réside dans le corps entier de la nation, et ne saurait résider ailleurs. » (1)

Comment le peuple, propriétaire de la souveraineté, va-t-il l'exercer et assurer, par cet exercice, le fonctionnement régulier et le plein épanouissement de l'Etat ? Ici, deux systèmes se trouvent en présence : le peuple peut exercer cette souveraineté par lui-même, comme cela se pratiquait autrefois dans certaines républiques grecques, au fond des bois de la Germanie par des tribus dont Tacite a raconté l'histoire, comme cela se pratique encore aujourd'hui dans certains cantons de la république helvétique (2) ; ou bien le peuple peut confier l'exercice de

(1) Esmein. *Eléments de droit constitutionnel*, page 151.
(2) Ce sont les cantons à Landsgemeinde, où l'assemblée communale, la Landsgemeinde, comme nous le verrons plus loin, est souveraine.

cette souveraineté à des délégués qu'il nomme, et qui agissent et décrètent pour lui.

Ces deux formes d'exercice de la souveraineté nationale constituent ce qu'on appelle : la première, le gouvernement direct ; la deuxième, le gouvernement représentatif ; et c'est entre ces deux modes de gouvernement que vient se placer l'institution qui fait l'objet de notre étude, le Referendum, tenant des deux systèmes, et constituant la forme principale du gouvernement auquel les théoriciens ont donné le nom de « semi-représentatif ».

Avant de pénétrer dans l'étude même du Referendum, il nous semble bon de jeter un rapide coup d'œil sur les deux systèmes de gouvernement que nous venons de citer, dont le Referendum a combiné certains éléments, et entre lesquels il constitue, en quelque sorte, un moyen terme.

I

Gouvernement direct.

Dans ce système, le peuple exerce lui-même le pouvoir législatif tout entier : c'est lui seul qui discute et vote les lois, fait les traités, décide de la paix ou de la guerre, en un mot exerce sans aucun intermédiaire les pouvoirs que lui confère sa souveraineté (1).

(1) Il faut cependant reconnaître que, même dans ce gouvernement direct, au point de vue de l'administration, le peuple est bien obligé de se choisir des délégués ; ce gouvernement n'est, en somme, absolument direct qu'au point de vue législatif : le peuple en effet, n'y est soumis qu'aux lois que lui-même a votées.

Ce gouvernement fut pratiqué dans l'antiquité par certaines petites républiques grecques, à Rome dans les premiers temps de sa fondation, par les tribus germaines dont Tacite a dépeint l'organisation politique en ces mots : « *De minoribus principes consultant, de majoribus omnes* (1) », au moyen âge, par les villes de la Hanse, par les communes flamandes, et par certaines républiques italiennes.

Ce système de gouvernement pouvait exister autrefois avec les républiques anciennes, qui étaient peu étendues, et surtout à cause de l'existence de l'esclavage, par suite duquel les citoyens libres, qui formaient en somme la minorité dans chaque nation, débarrassés par les esclaves des soucis pratiques de la vie et des travaux manuels du commerce et de l'agriculture, nécessaires à la subsistance et au développement de tous les peuples, jouissaient de nombreux loisirs et avaient par là même largement le temps de s'occuper des affaires publiques.

Rousseau lui-même, partisan absolu du gouvernement direct, qu'il proclame le gouvernement idéal, a bien été forcé d'en reconnaître l'impossibilité pratique dans les temps modernes, quand il a dit : « Tout bien considéré, je ne pense pas qu'il soit désormais possible au souverain, c'est-à-dire au peuple, de conserver parmi nous l'exercice de ses droits, si la cité n'est très petite. » (2)

Ce mode de gouvernement, en effet, n'est plus possible aujourd'hui : les républiques modernes, comme la France et les Etats-Unis, sont trop grandes et trop peuplées, et les

(1) Tacite. *Les Germains*, XI.
(2) Rousseau. *Contrat social*, III, 4.

citoyens de ces républiques, au moins pour la très grande majorité, ont trop d'occupations obligatoires pour pouvoir eux-mêmes s'occuper encore des affaires publiques : aussi le gouvernement direct n'est-il plus guère pratiqué à l'heure actuelle dans sa forme absolue que par quelques petits cantons de la Suisse, où les assemblées du peuple, réunies sous le nom de Landsgemeinde, discutent et votent toutes les mesures qui ont trait aux intérêts généraux de ces cantons.

Cependant, en théorie, avec le principe de la souveraineté nationale, le gouvernement direct s'impose : le peuple étant reconnu comme le souverain, c'est à lui seul que doit appartenir le pouvoir, et c'est lui seul qui doit préparer et voter les lois auxquelles il devra plus tard obéir.

En théorie, ce gouvernement peut paraître l'idéal, tel était du moins l'avis de Rousseau; mais en pratique, il n'en va pas de même, loin de là.

Indépendamment, en effet, des grandes difficultés matérielles que ferait naître chez un peuple un peu important l'exercice d'une telle forme de gouvernement, ne serait-ce pas de la plus grande imprudence de remettre tous les pouvoirs aux mains de la multitude ?

Cette multitude, subissant assez facilement l'entraînement au bien, se laissera plus facilement encore pousser à adopter des mesures mauvaises et, se sentant maîtresse absolue, voudra non seulement user, mais abuser de son pouvoir. — Entraînée par l'éloquence de politiciens habiles, assez souvent sans scrupules, elle pourra fort bien adopter les dispositions les plus ruineuses et les plus fâcheuses pour l'intérêt de la nation, et un semblable gouvernement,

dans une nation importante, ne saurait durer bien longtemps sans aboutir à une véritable anarchie.

Comment, en effet, soumettre au peuple les clauses des
traités avec les puissances étrangères, clauses que les
diplomates les plus experts ont parfois beaucoup de peine
à élucider, sans exposer le pays aux pires désastres ? Aussi
faut-il dire avec Montesquieu : « Le peuple, qui a la souveraine puissance, doit faire par lui-même tout ce qu'il
peut bien faire, et ce qu'il ne peut pas bien faire, il faut
qu'il le fasse par ses ministres. Saura-t-il conduire une
affaire, connaître les lieux, les occasions, les moments pour
en profiter ? Non, il ne le saura pas. » (1)

Les faits de l'histoire viennent d'ailleurs à l'appui de
l'opinion de Montesquieu, et à part les petits cantons
suisses, dont nous avons parlé plus haut et qui pratiquent
encore le gouvernement direct pur, tous les grands Etats
ou à peu près sont aujourd'hui placés sous le régime du
gouvernement représentatif, dont nous allons dire maintenant quelques mots.

II

Gouvernement représentatif.

Dans cette forme de gouvernement, le peuple, qui est le
souverain, délègue les pouvoirs qu'il possède à des représentants qu'il choisit librement. Comme le dit très bien
Stuart-Mill, « gouvernement représentatif signifie que la

(1) Montesquieu. *Esprit des Lois*, livre II, chapitre II.

nation tout entière, ou au moins une portion nombreuse de la nation, exerce, par l'entremise de députés qu'elle nomme périodiquement, le pouvoir du contrôle suprême, pouvoir qui, dans toute Constitution, doit résider quelque part. » (1)

Les députés tiennent ainsi tous leurs pouvoirs du peuple, qui leur transmet par l'élection le droit qu'il possède : dès lors le peuple ne peut plus agir seul et directement : ce sont ceux qu'il a nommés qui sont chargés d'agir pour lui : ces députés représentent chacun le pays tout entier, si infime que soit le nombre de ceux qui les ont nommés ; ils ont donc qualité pour discuter et voter les mesures qui concernent l'intérêt général de la nation ; ils ont de plus une indépendance entière, qui n'est limitée que par la durée assignée à leur mandat, et le peuple, qui les a nommés, ne peut les révoquer avant l'expiration du dit mandat, ni les obliger à prendre position pour ou contre telle ou telle question importante à eux soumise : c'est même cette indépendance du député qui fait une des forces de ce système de gouvernement en permettant aux représentants du peuple de résister parfois aux entraînements inconsidérés de la multitude, et d'empêcher par leur prudence et leur modération l'adoption de mesures législatives que la foule, séduite par des déclamations enflammées, réclame impérieusement et immédiatement, et qu'elle serait la première à déplorer peu après leur adoption, une fois son enthousiasme tombé, quand elle les aurait examinées de sang-froid.

Ce gouvernement représentatif, que l'antiquité ne connut

(1) Stuart-Mill. *Le Gouvernement représentatif*, page 99. Traduction de Dupont-White.

pas, a eu, aux temps modernes, la plus heureuse fortune.
— Né en Angleterre, il y demeura pendant longtemps
confiné. C'est en étudiant la constitution de ce pays que
Montesquieu fut appelé à faire l'éloge du gouvernement
représentatif et à le rendre populaire en France, où il fut
introduit par la Révolution : et dans le courant de notre
siècle on peut dire que ce gouvernement a fait en quelque
sorte le tour du monde. — En effet, à part de rares
exceptions, il est aujourd'hui en vigueur chez presque tous
les peuples de l'ancien ou du nouveau continent.

Rousseau, qui regardait la souveraineté du peuple comme
absolument inaliénable et excluait par là toute idée de
représentation, fut bien obligé de reconnaître qu'en pratique le peuple ne pouvait pas exercer par lui-même ses
droits, et, partant, qu'il lui fallait en fait recourir au
gouvernement représentatif. Comment admettre, en effet,
que la multitude soit capable d'élaborer des lois civiles ou
commerciales, lois portant sur des matières si difficiles,
que les assemblées législatives, même les mieux composées, se montrent souvent incapables de bien faire.
« Voyez-vous les habitués du cabaret décider entre deux
chopines, là où Pothier a hésité, et où Portalis et Tronchet
n'ont pas pu se mettre d'accord ? » (1)

Le peuple, considérant surtout le moment présent, et ne
s'inquiétant presque jamais des résultats heureux d'une
loi ou d'une organisation quelconque, si ces résultats ne
sont pas immédiats et ne lui procurent pas aussitôt des
avantages tangibles, se refusera assez souvent à discuter et

(1) De Laveleye. *Le Gouvernement dans la Démocratie*, tome II,
page 155.

à admettre des mesures législatives d'un intérêt évident pour lui, mais non immédiat, mesures que ses représentants, plus clairvoyants, adopteront au contraire.

Le gouvernement représentatif, que le développement des Etats et les nécessités de la vie sociale ont rendu nécessaire, permet ainsi à la nation de choisir l'élite de ses membres pour discuter les questions qui l'intéressent, et diriger les affaires de l'Etat avec sagesse et modération.

De même que des particuliers ne confient la direction de leurs intérêts privés qu'à ceux qu'ils savent être les plus aptes à remplir cette mission, ainsi la nation, qui n'est en somme que la réunion de ces particuliers, saura, le plus souvent du moins, confier aux plus capables la conduite de ses intérêts.

Ce gouvernement représentatif s'exerce à l'aide d'une chambre, ou de deux le plus ordinairement, et dans ce dernier cas la deuxième chambre est recrutée d'une manière différente de la première et destinée à servir de barrière aux entreprises trop hardies de cette première chambre.

Ce système apparaît donc, en fait, comme la meilleure forme de gouvernement, et il a en sa faveur une existence déjà longue, et une pratique presque générale dans les Etats modernes.

Cependant, depuis le commencement du siècle, la démocratie, qui voit sa force s'augmenter chaque jour, a pris quelque peu ombrage de cette forme de gouvernement dans laquelle elle a craint une sorte de résurrection des anciennes castes ; elle a vu, dans ces députés formant la représentation nationale, une aristocratie nouvelle, ne reposant plus sur la naissance, mais sur l'élection, et elle a songé à prendre, contre ce qu'elle soupçonne être de nouveaux ennemis, des mesures de précaution, et à élever des barrières contre un pouvoir qu'elle a craint de voir bientôt devenir absolu.

De plus, pour que le gouvernement représentatif fonctionne heureusement, il faut que la représentation du peuple soit en communion absolue avec le peuple qu'elle représente : or, cela est loin de toujours exister. Il arrive parfois que la représentation du peuple est faussée, soit par la corruption électorale, soit par l'indifférence de la grande masse des électeurs qui, pratiquant l'abstention, se trouve n'être pas représentée du tout, ou enfin, et c'est alors que la représentation du peuple est le plus gravement faussée, par le vice même inhérent au système électoral.

Avec le système majoritaire, tel qu'il est pratiqué à l'heure actuelle en France, il arrive en effet souvent que les représentants élus ne représentent en réalité que la minorité des électeurs : en outre, dans l'espace de temps qui s'écoule entre la première élection du représentant et le renouvellement de son mandat, l'opinion publique et l'opinion des élus évoluent souvent dans un sens diamétralement opposé. N'a-t-on pas dit dernièrement avec beaucoup de justesse que, par crainte de paraître trop modérés, des représentants du peuple se laissent aller parfois à voter des mesures que certainement désavoueraient ceux qui les ont nommés, s'il leur était permis de se prononcer directement eux-mêmes sur les mesures en question?

Pour tous ces motifs, la représentation nationale se trouve donc assez souvent faussée. Comment remédier à ce grave inconvénient ? On ne peut pas recourir, et nul n'y pense à l'heure actuelle, au gouvernement direct pur, qui est reconnu impossible dans les grands Etats modernes ; mais on songe à s'en rapprocher un peu cependant en améliorant la mise en pratique actuelle du système représentatif, ou en combinant certains éléments de ce gouvernement avec ceux du gouvernement direct.

Les systèmes proposés à cet effet sont très variés : pour certains hommes politiques, la modification profonde du système électoral seule peut y remédier, par l'introduction dans la législation électorale de la représentation proportionnelle des partis ; d'autres, et c'est ici qu'apparaît l'institution qui fait l'objet de notre étude, ont proposé de combiner le régime représentatif avec une certaine participation directe du peuple au pouvoir de légiférer : c'est cette combinaison proposée qui est réalisée par le Referendum, qui permet au peuple d'accepter ou de rejeter en bloc une loi votée par ses représentants et d'exprimer ainsi clairement s'il est toujours en communauté d'idées avec ceux qu'il a chargés de le représenter.

Le Referendum se trouve être ainsi la forme principale d'un système nouveau de gouvernement qu'on a baptisé du nom de *semi-représentatif* et qui peut aussi se présenter sous la forme du *veto*, de l'initiative populaire, ou du mandat impératif.

Ce gouvernement semi-représentatif, dans lequel sont combinés les éléments du gouvernement direct pur et ceux du gouvernement représentatif, est personnifié égalementment par une ou deux chambres, mais à côté d'elles une des quatre institutions citées plus haut coexiste et vient, pour ainsi dire, leur servir de frein.

Le *veto* est le droit pour le peuple de demander par pétition, couverte d'un nombre de signatures déterminé, que les mesures votées par ses représentants lui soient soumises, pour qu'il puisse les rejeter par son vote, et, dans cette consultation populaire, tous ceux qui s'abstiennent sont comptés comme adoptant la mesure soumise à eux.

« Le *veto* a ainsi un caractère purement négatif : il apparaît moins comme l'exercice d'un droit que comme un moyen d'opposition au gouvernement, et c'est ce côté révolutionnaire qui lui a nui surtout. » (1)

Cette institution n'eut pas grand succès : elle ne fut que peu d'années pratiquée en Suisse et supprimée à cause des troubles graves qu'elle apportait dans le pays ; d'ailleurs avec elle la volonté nationale se dégage mal, puisqu'on détermine arbitrairement l'opinion de tous ceux qui s'abstiennent en vertu du principe *qui tacet consentire videtur*, ce qui est loin d'être toujours la vérité (2).

Par le mandat impératif, les représentants du peuple sont contraints de prendre l'engagement formel de voter dans tel ou tel sens sur les questions qui leur seront soumises, et de donner d'avance leur démission s'ils ne se conforment pas scrupuleusement à ces engagements, ou même

---

(1) Brissaud, *Le Referendum en Suisse*. Revue générale du droit, de législation et de jurisprudence, année 1888, page 411,

(2) Parfois ce droit de veto appartient aussi au souverain : dans la tentative curieuse de l'introduction du Referendum en Belgique, tentative que nous étudierons plus loin, le Referendum proposé était en quelque sorte un *veto* mis entre les mains du pouvoir royal : je m'empresse d'ajouter que cette tentative échoua absolument.

simplement s'ils ont cessé de plaire à leurs électeurs : ici c'est la négation même du principe du gouvernement représentatif, et les députés du peuple, avec ce système, tombent au rang de simples commissionnaires, qu'on peut désavouer au premier moment et auxquels aucune décision personnelle n'est permise.

L'initiative populaire permet au peuple, concurremment avec ses représentants, de demander l'abrogation de certaines mesures législatives constitutionnelles ou d'intérêt communal, ou de présenter des propositions de lois sur tel ou tel projet qui, si elles sont soutenues par un certain nombre de citoyens, doivent nécessairement être l'objet d'une discussion et d'un vote pour les chambres. Elle existe en Suisse, dans la confédération, au point de vue constitutionnel, et a trouvé son entier développement dans les cantons suisses où subsistent encore depuis de longues années les Landsgemeinde, dans lesquelles un nombre déterminé de citoyens peut présenter un projet de loi au vote du peuple.

Mais ces diverses formes du gouvernement semi-représentatif ont eu une fortune bien moins heureuse que la dernière, le Referendum, qui est officiellement reconnu par la constitution helvétique, est pratiqué quelque peu en Angleterre dans le gouvernement local, aux Etats-Unis, où il intervient dans les états au point de vue constitutionnel, et, après avoir existé à ce dernier point de vue en France sous la Révolution et sous l'Empire, a fait dans notre pays une nouvelle apparition, bien timide encore, dans quelques communes, sous la forme du Referendum municipal.

III

Le Referendum.

Quand le représentant d'un Etat délibérant avec ceux d'autres Etats voit une question sortant du cadre de ses attributions, il peut cesser de délibérer, ou continuer à prendre part à la discussion, mais il conclut alors *ad referendum*, en disant que rien ne sera fait et ne pourra être mis à exécution tant que son avis ne sera pas ratifié par le gouvernement qu'il représente.

Ce mot Referendum, d'un usage constant dans la langue diplomatique, implique donc un rapport entre deux personnes, dont l'une ne peut prendre aucune décision ayant force exécutoire sans que l'autre ait ratifié sa décision. De la diplomatie, le mot a pénétré dans le droit constitutionnel, où il se présente, aussi, le plus souvent du moins, sous la forme d'une ratification. — Mais il y a ici une distinction à faire d'après le terrain sur lequel se meut le Referendum, qui peut être constitutionnel, législatif ou municipal, suivant que la mesure soumise à la sanction populaire est constitutionnelle, législative, ou d'intérêt communal : au point de vue constitutionnel ou législatif, le Referendum, en effet, est le plus souvent le droit pour le peuple d'accepter ou de rejeter les constitutions et les lois déjà adoptées par ses représentants (1) ; au

(1) C'est ainsi qu'il est pratiqué en Suisse, comme nous le verrons plus loin.

point de vue municipal (1), c'est le droit pour le peuple de se prononcer pour ou contre une mesure d'intérêt communal avant qu'elle ait été soumise au vote de ses représentants.

Le Referendum peut être obligatoire ou facultatif. Il est obligatoire quand une mesure votée par les représentants du peuple n'est parfaite, et ne peut être mise à exécution, que lorsqu'elle a été ratifiée par lui : dans ce cas, le Referendum est une condition *sine qua non* de la loi : sans lui, elle n'a aucune force exécutoire, et n'existe qu'à l'état de simple projet.

Avec le Referendum facultatif, la mesure votée par les représentants du peuple est parfaite et peut être mise à exécution ; seulement, pendant un délai déterminé, cette mesure peut être soumise à la ratification du peuple, qui est libre alors de l'accepter ou de la rejeter (2).

Ici la loi est complète sans le Referendum : mais elle se trouve soumise à une condition résolutoire, qui, si elle vient à se réaliser, peut la détruire totalement (3).

On distingue enfin, d'après le moment où il s'exerce, deux sortes de Réferendum : *ante legem* et *post legem*. — Le Referendum *ante legem* se divise lui-même en deux :

1° Il peut s'appliquer à une proposition de loi non encore

(1) Les tentatives de Referendum municipal faites en France ces dernières années viennent à l'appui de notre dire.

(2) Il est bien entendu que, pour que ce Referendum puisse être mis en mouvement, il faut qu'un nombre déterminé d'électeurs le demandent dans le délai voulu. Cependant, nous ferons observer que, dans un projet de Referendum proposé en Belgique, c'était au roi qu'appartenait l'initiative de la mise en mouvement du Referendum, qui, dans ce projet, avait plutôt les caractères d'un veto.

(3) Si en effet le Referendum facultatif est demandé régulièrement, et si la loi soumise au peuple est repoussée par lui, cette loi, qui jusqu'alors était parfaite, se trouve, dès ce moment, ne plus exister.

soumise aux représentants du peuple : c'est alors le Referendum d'initiative ou consultatif ;

2° Il peut s'appliquer à une loi sur laquelle les deux assemblées des représentants ne peuvent pas se mettre d'accord : c'est alors le Referendum de partage. En pratique, ce dernier Referendum n'a jamais été usité, et en théorie, il peut être difficilement défendu. L'emploi d'un semblable procédé, en effet, ne ferait qu'aggraver le conflit existant entre les deux chambres, et irait directement à l'encontre du but poursuivi. Dans un pays où le pouvoir législatif appartient à deux chambres, un conflit s'élève entre elles sur une loi que l'une a adoptée, et que l'autre a repoussée : On propose le Referendum pour trancher le différend : la situation va s'envenimer à notre avis, car, sachant que le conflit sera tranché par un tiers, aucune des deux Chambres ne voudra faire de concessions : chacune, au contraire, persistant dans sa manière de voir cherchera à capter la faveur du peuple et à le gagner à sa cause par tous les moyens possibles, puisque c'est lui l'arbitre qui devrait, avec ce système, trancher leur différend.

Le Referendum *post legem* soumet à la sanction populaire l'adoption ou le rejet d'une mesure déjà votée par les chambres des représentants. C'est sous cette forme qu'il est pratiqué en Suisse, tandis qu'il s'est plutôt manifesté en France sous la forme de Referendum *ante legem* dans les diverses affaires d'intérêt communal qu'on lui a présentées.

Ce qui a nui, en France, au développement du Referendum, c'est que dans beaucoup d'esprits il a été assimilé à tort à une autre institution politique, le plébiscite, qui ne lui ressemble que sur un point. Dans ces deux institutions, en effet, le mode de votation est le même : les bulletins de vote dans le Referendum comme dans le plébiscite portent tous les deux ces seuls mots « Oui » ou « Non ». Mais, à part cette similitude de forme, ces deux institutions diffèrent profondément quant au fond.

Le plébiscite porte sur un nom, le Referendum sur une chose, et, tandis que les plébiscites ont toujours été des élections de chefs d'Etat plus ou moins déguisées, des sortes de blancs-seings donnés au pouvoir pour faire ce qu'il voudrait, le Referendum n'a jamais été une élection déguisée, il n'a jamais été un blanc-seing ; c'est un moyen de surveillance et de contrôle. Il a toujours été un vote du peuple sur une mesure constitutionnelle, législative ou communale, et jamais un vote sur un homme (1)

Comme on l'a dit avec beaucoup de justesse : « L'examen que le plébiscite ferme, le Referendum l'ouvre ; l'opinion que le plébiscite endort, il la tient en éveil ; l'homme que le plébiscite rend tout-puissant, il le contrôle et limite son pouvoir, ou, plutôt, il n'investit pas un homme de sa souveraineté, il la garde par devers lui. » (2).

Le Referendum diffère également du veto, qui ne peut jamais émettre qu'une opinion négative, tandis qu'il peut dire oui ou non et permet de connaître exactement le

---

(1) Nous ferons observer cependant que le plébiscite de 1870 fit exception à ce que nous venons de dire : ce fut, en quelque sorte, un véritable Referendum : il cherchait, en effet, à faire ratifier par le peuple toutes les réformes libérales apportées alors dans le fonctionnement du gouvernement impérial.

(2) *Revue politique et parlementaire*, tome XIV, livraison du 10 novembre 1897, page 262. Un Progressiste.

sentiment du pays, puisqu'il ne compte que les voix exprimées, tandis qu'avec le veto, on interprète arbitrairement l'opinion de tous ceux qui se sont abstenus, comme nous l'avons vu plus haut.

Nous avons ainsi distingué le Referendum des institutions avec lesquelles il ne doit pas être confondu, nous avons énuméré celles avec lesquelles il peut coexister, comme l'initiative populaire en Suisse ; nous avons expliqué brièvement qu'il constitue un intermédiaire entre le gouvernement direct et le gouvernement représentatif. Il nous faut maintenant pénétrer dans l'étude détaillée de l'institution.

Nous étudierons successivement l'origine et le fonctionnement du Referendum en Suisse, dans la confédération et les cantons, la manière dont il est pratiqué en Angleterre et aux États-Unis, les tentatives faites pour l'introduire en France et les exemples du Referendum municipal pratiqués dans notre pays.

Nous considérerons ensuite l'institution en elle-même ; nous en exposerons les inconvénients et les avantages, et nous nous demanderons s'il est à souhaiter de le voir s'acclimater définitivement en France, et sous quelle forme il serait le plus avantageux pour notre pays.

PREMIÈRE PARTIE

*Histoire de l'origine et du développement du
Referendum en Suisse.*

Le Referendum, dont nous venons de décrire sommai-
rement le caractère dans notre introduction, exista, sans
être connu sous ce nom, dans quelques républiques italiennes au moyen âge, où certaines décisions du grand
conseil, surtout en matière administrative, étaient soumises
à l'assemblée générale du peuple. On le trouve également
en France dans certaines communes « affranchies » comme
Laon et Beauvais, où le corps entier des bourgeois était
parfois appelé à ratifier certaines décisions votées par leurs
élus. Nous laisserons de côté ces précédents du Referendum,
qui se perdent quelque peu dans la nuit des temps, pour
l'étudier dans la Suisse, qui est véritablement la patrie de
cette institution.

Autrefois, et notamment au siècle dernier, l'Angleterre
était la nation type pour tous ceux qui voulaient s'occuper
des théories du droit constitutionnel ; aujourd'hui, c'est la
Suisse qui est devenue le véritable terrain d'expérience à
ce point de vue, car beaucoup plus que l'Angleterre, qui a
conservé un gouvernement aristocratique (1), elle se
rapproche de la démocratie. Aussi c'est en Suisse qu'il
faut aller pour faire l'étude du Referendum, institution
démocratique par excellence, et assurant, dans une très
large mesure, l'exercice de la souveraineté populaire.

(1) L'existence de la chambre des lords le prouve surabondamment :
de plus le suffrage, bien qu'on l'ait étendu considérablement dans
le cours de ce siècle, n'est pas encore universel en Angleterre : il y
a encore un vestige, très faible il est vrai, du système censitaire.

CHAPITRE PREMIER

Origines et premiers précédents du Referendum en Suisse.

SECTION PREMIÈRE

Formation de la Suisse. — La Confédération des treize cantons. — La Diète. — Origine du mot Referendum.

La Suisse ne forma pas toujours une nation unitaire; c'était, au moyen âge, un assemblage bizarre, comprenant à la fois des états vassaux et suzerains et régis par les constitutions les plus diverses : on y voyait des seigneuries féodales, des principautés ecclésiastiques, des bailliages et des républiques. Ce n'est que lentement et, presque un à un que les divers Etats qui la composent à l'heure actuelle se réunirent pour former cet ensemble qui constitue aujourd'hui la république helvétique.

C'est en étudiant la formation de la Suisse par la réunion de ces divers Etats que nous verrons l'origine du Referendum et son développement progressif dans la confédération et les cantons.

Jusqu'au XIIIe siècle, les territoires qui composent la Suisse faisaient partie du Saint-Empire germanique, lorsqu'à la mort de Rodolphe de Habsbourg, survenue en 1291, les trois cantons forestiers de Uri, Schwytz et Unterwalden, secouant le joug de leur suzerain, se réunirent par un traité d'alliance pour résister aux exactions dont ils étaient l'objet : on peut dire que la Suisse est née de cette alliance.

Un peu plus tard, par l'alliance perpétuelle de Brünnen conclue en 1315, ces trois cantons reconnurent solennellement leur indépendance et formèrent l'embryon de la confédération.

Encouragés par cette audacieuse entreprise, de petites principautés voisines vinrent peu à peu se joindre à la confédération naissante et, de 1315 à 1353, Lucerne, Zug, Glaris et la ville de Zurich s'unirent aux trois cantons forestiers.

Ces différentes principautés, que le désir commun de l'indépendance avait groupées, étaient toutes régies par des constitutions opposées et se trouvaient ainsi ne pas pouvoir offrir un ensemble assez fort et assez compact pour résister aussi bien au dehors aux tentatives de leurs puissants voisins qu'au dedans aux menées des esprits factieux prompts à jeter le trouble et la discorde, et aidés puissamment en cela par les dissemblances profondes qui existaient entre ces principautés diverses.

La nécessité d'un pouvoir supérieur et central se faisait donc impérieusement sentir : c'est pour répondre à cette nécessité que les diverses principautés résolurent, chaque année, d'envoyer des représentants de chacune d'elles à une assemblée à laquelle on donna le nom de diète. Cette diète était chargée de prendre des mesures d'intérêt général, de voter les lois de sûreté publique pour tous les Etats qui y étaient représentés. Les députés des Etats qui composaient cette diète recevaient des instructions spéciales pour toutes les questions soumises à la diète ; ils ne devaient jamais s'en écarter, et si l'assemblée venait à discuter sur une question non prévue dans les instructions données aux représentants, ceux-ci devaient cesser de discuter, ou bien ne pouvaient prendre que des mesures provisoires, et étaient obligés d'en référer *(ad referendum)* à la principauté qui les avait nommés, et à qui seule il appartenait de prendre une décision définitive.

C'est ainsi que pour la première fois nous voyons apparaître, dans les territoires qui furent le noyau de la confédération helvétique, le mot de « Referendum », mais employé dans ce cas comme en diplomatie, et non de la manière dont il est compris aujourd'hui.

Le Referendum ne servait alors qu'à établir une barrière contre les empiétements du pouvoir central, représenté par la diète, toujours tentée de faire disparaître à son profit l'autonomie des diverses principautés, qui y envoyaient des députés.

Ce n'est donc là qu'un précédent très vague du Referendum ; c'est plutôt l'origine du mot que nous venons de découvrir, mais à cette époque ce n'est pas dans la confédération naissante qu'il faut chercher le Referendum en tant qu'institution assurant l'exercice de la souveraineté populaire.

SECTION 2me.

Précédents plus directs du Referendum caractérisés.

1° Par la Landsgemeinde :

La Suisse est alors une confédération d'états où tous les cantons, unis seulement pour résister aux entreprises hostiles des peuples voisins, conservent chacun leur souveraineté intégrale, et c'est dans ces petits cantons, restés autonomes, malgré la formation de la confédération, que nous allons voir fonctionner un Referendum qui se rapproche davantage de celui qui est pratiqué actuellement.

Les cantons suisses, à l'origine, avaient un lien de vassalité avec le Saint-Empire germanique ; mais, jaloux de leur indépendance et fatigués de l'oppression que faisait peser sur eux la dynastie des Habsbourg, ils se soulevèrent peu à peu et devinrent de petites républiques indépendantes.

Il y avait cependant des différences profondes entre ces cantons : les uns pratiquaient le gouvernement direct

comme les anciennes républiques grecques ; c'étaient les
cantons ruraux. Dans les autres, les cantons aristocratiques, qui avaient des représentants élus, le peuple était
assez fréquemment appelé à donner son avis sur les mesures graves adoptées par ces derniers, et c'est ici véritablement que se place la première application du Referendum
actuel.

Dans les cantons ruraux, c'est le gouvernement direct
pur qui triomphe avec la Landsgemeinde (1).

C'était l'assemblée de tous les citoyens actifs du canton,
à partir de 14 ans autrefois ; aujourd'hui, dans les cantons
où elle subsiste à partir de 20 ans. Son origine est très
ancienne et Tacite nous atteste déjà l'existence d'assemblées
semblables au sein des forêts de la Germanie, quand il
dit : « *De minoribus principes, de majoribus omnes consultant.* » On excluait généralement de ces assemblées les
faillis, les condamnés, et ceux qui y jetaient le désordre ;
tous les autres citoyens étaient tenus d'y assister sous
peine d'amende (2).

Chaque année, dans les premiers jours du printemps, le
peuple se réunit ainsi solennellement en plein air.

Après des prières demandant les bénédictions du ciel
sur les travaux de l'assemblée, il se forme en cortège pour
se rendre sur la place publique ; arrivé là, il se range au-
tour d'une tribune élevée pour recevoir le Landaman, le
premier magistrat du pays ; celui-ci remercie le peuple de
la confiance qu'il lui a témoignée, lui rend compte de son
administration et des relations extérieures du canton, en

---

(1) La Landsgemeinde, comme le dit très bien M. Deploige, a été la
cellule primitive d'où sont sorties toutes les créations de la démocratie moderne : c'est elle qui a, en quelque sorte, frayé la route au
Referendum, en développant l'esprit politique du peuple suisse et en
lui donnant l'amour de s'occuper par lui-même des affaires publiques.

(2) Voilà un précédent bien ancien d'une théorie qui, à l'heure
actuelle, commence à compter un certain nombre de partisans : celle
du vote obligatoire.

un mot, prononce un discours sur la politique géné. ale du gouvernement du canton.

On procède ensuite à l'élection des nouveaux gouvernants, du Landaman, et des députés à la Diète fédérale; on passe après au vote des lois, et c'est ici qu'apparaît le gouvernement direct dans toute sa force ; chaque citoyen a le droit de prendre la parole sur la loi proposée, et même à l'origine chacun avait le droit d'initiative (1); mais on fut bien vite amené à reconnaître tout le danger que comportait cette faculté pour chaque citoyen, par l'apparition de projets de lois bizarres ou présentant un intérêt d'ordre tout à fait personnel. Tout en maintenant le droit d'initiative des citoyens, qui est de l'essence du gouvernement direct, on le réglementa et on remédia aux inconvénients que nous venons de signaler de deux manières :

1º En décidant qu'une proposition de loi, pour être discutée, devait être présentée par sept citoyens appartenant à sept familles différentes, ce qui excluait les propositions de loi où un intérêt purement personnel était seul en jeu (2) ; et 2º en soumettant les propositions de lois émanant de l'initiative des citoyens à un conseil nommé par le peuple (le Landrath) qui décidait si telle proposition de loi serait ou non soumise à la Landsgemeinde, ce qui permettait d'écarter par une sorte de question préalable les projets de loi trop bizarres ou ne présentant aucun intérêt réel.

A part ces restrictions, tout le monde pouvait prendre la parole, et discuter l'opportunité de telle ou telle loi pré-

---

(1) C'est encore là un précédent du droit d'initiative populaire existant actuellement en Suisse au point de vue constitutionnel, droit qui, pour produire des résultats heureux, demande, indépendamment d'une très solide éducation politique, une réglementation sévère.

(2) Cette disposition pratiquée dans le canton d'Uri était connue sous le nom de « Siebengeschlechtbegehren ». V. Deploige, *Le Referendum en suisse*, page 9. Elle a persisté dans le canton d'Uri jusqu'en 1888,

sentée. Après le vote des lois, l'assemblée se terminait toujours par un serment de fidélité aux lois constitutionnelles du canton. Pour éviter le désordre, et assurer le calme qui convenait à la dignité d'assemblées aussi importantes, de très sages mesures dictées par l'expérience et la connaissance de l'esprit des foules étaient prises : c'est ainsi qu'on interdisait, aux alentours de l'endroit où se tenait la Landsgemeinde, la vente de toute sorte de boissons alcooliques et qu'on défendait aux assistants le port de cannes.

En dépit de ces sages précautions, les assemblées n'étaient pas toujours des modèles de modération et de vertu politique, et parfois il arrivait que des faits de corruption éclataient au grand jour, surtout pour la nomination des baillis (1). Ce poste fort envié, qui rappelait en petit celui du gouverneur romain, rapportait beaucoup à ceux qui en étaient titulaires. Aussi, pour l'obtenir, on corrompait à l'aide de dons d'argent celui qui en était le dispensateur souverain, c'est-à-dire le peuple réuni en Landsgemeinde. Des lois votées pour remédier à cette corruption restèrent sans effet, et pour la faire cesser, on fut obligé d'en venir à désigner au sort les baillis, ce qui n'était pas précisément un mode de recrutement bien recommandable.

Parfois aussi des bagarres violentes s'élevaient au sein de l'assemblée du peuple, et souvent le calme n'était rétabli qu'après l'expulsion de nombreux perturbateurs, qu'en punition on privait de leurs droits politiques (2).

Malgré ces imperfections, les cantons suisses où les Landsgemeinde existaient y étaient très attachés, ainsi que le prouve la résistance désespérée faite au Directoire, qui

---

(1) Ces baillis étaient les gouverneurs des domaines soumis aux cantons, des pays sujets, et souvent ils ne se faisaient pas faute d'en exploiter les habitants.

(2) Ces pratiques regrettables ne sont pas spéciales aux assemblées populaires, et, à l'heure actuelle, trop souvent les parlements des grandes nations en offrent encore de déplorables exemples.

avait décrété la suppression de ces assemblées populaires,
en faisant de la Suisse une république unitaire.

Depuis, par suite du développement de la population et
des nombreux droits accordés au peuple par la constitution de 1848, la pratique des Landsgemeinde est tombée en
désuétude ; mais, dans les cantons où elle a subsisté, cette
assemblée est encore la souveraine aimée et respectée du
pays (1).

C'est toujours le même apparat extérieur qu'autrefois,
les mêmes solennités ; seulement les pouvoirs de l'assemblée populaire ont été restreints, car ils ne peuvent plus
concorder, et viendraient même en lutte avec ceux de
l'autorité fédérale ; par exemple, aujourd'hui, la Landsgemeinde ne peut plus, en aucune manière, s'occuper
d'affaires extérieures ; on l'a conservée plutôt comme une
institution ancienne qui mérite le respect, mais, en pratique, elle a été remplacée par le Referendum et l'initia-
tion populaire, auxquels elle a ouvert le chemin, en faisant
pénétrer au plus profond de l'âme du peuple suisse
l'amour de s'occuper par lui-même des affaires publiques.

2° *Par les consultations populaires pratiquées par certains
cantons.*

Le Referendum trouve des précédents plus directs dans
l'histoire de certains cantons, dans ceux que nous avons
appelés les cantons aristocratiques.

Ainsi, dans le canton de Berne, qui avait sous sa domi-
nation les bailliages de Vaud, la politique extérieure et les
grades militaires étaient accaparés par l'aristocratie, à
côté de laquelle grandissaient les corporations de commerçants, qui commençaient à être influentes et composaient
cé qu'on appelait « les Abbayes », dont quelques-unes
existent encore aujourd'hui ; cette aristocratie, composée

(1) La pratique de la Landsgemeinde subsiste dans les cantons
d'Appenzel, d'Unterwalden, d'Uri et de Glaris.

de nobles, et les membres des corporations, formaient la bourgeoisie qui, seule, avait des droits politiques : mais, malgré cela, il arrivait souvent qu'on consultait le peuple sur les questions de grande importance.

Cette consultation populaire, qui était toujours facultative pour le gouvernement de Berne, est une origine lointaine du Referendum facultatif actuel. Elle s'exerça de différentes manières : ou bien le gouvernement de Berne envoyait quelques-uns de ses membres dans les communes rurales placées sous sa sujétion, pour connaître l'opinion de ces communes sur la question en discussion (1), ou bien le gouvernement de Berne priait les communes d'envoyer des délégués au Grand Conseil pour lui faire connaître l'avis des campagnes.

Mais Berne renonça rapidement à ce mode de consultation populaire, à cause des récriminations très nombreuses que les députés des campagnes, profitant de la faculté qu'ils avaient ainsi de pénétrer au Grand Conseil, y faisaient entendre.

Pour remplacer ces deux modes défavorables de consultation du peuple, le gouvernement de Berne envoyait aux baillis, présidents des communes, l'ordre de consulter les citoyens sur les mesures proposées ; les baillis rassemblaient ensuite ces derniers, leur demandaient leur avis, et rendaient compte à Berne du résultat de leurs votes.

(1) Ce procédé fut peu employé, comme faussant l'opinion ; en effet, par un système ingénieux, les délégués du gouvernement de Berne s'étaient arrangés pour que la majorité fût toujours acquise au gouvernement qu'ils représentaient ; voici comment ils procédaient pour arriver à ce résultat : ils réunissaient en assemblée les habitants des communes dont ils étaient chargés de connaître et de transmettre l'opinion, et, après avoir exposé le sujet de la discussion, spéculant à bon droit sur l'inertie du plus grand nombre, ils demandaient aux membres de ces assemblées communales de rester en place s'ils approuvaient le projet du gouvernement, ou, au contraire, de passer d'un autre côté de l'assemblée s'ils ne l'approuvaient pas. Grâce à ce stratagème, la majorité était le plus souvent favorable aux projets présentés par le gouvernement, sans pour cela refléter exactement l'opinion des communes consultées.

Cette dernière forme de consultation populaire, la plus sincère et la plus à l'abri de toute pression gouvernementale, fut très fréquente au xvie et au xviie siècles; on n'hésitait pas à lui soumettre des questions de la plus haute importance, et cela eut même parfois de très heureux résultats.

Ainsi, c'est grâce à une de ces consultations populaires que fut rompu un traité conclu par le gouvernement de Berne avec le duc de Savoie, traité très désavantageux pour Berne (1); c'est uniquement sur le refus du peuple de sanctionner ce traité que le gouvernement de Berne s'appuya pour déclarer au duc de Savoie qu'il n'y avait rien de fait, et que le traité de Nyon, rejeté par le peuple, était annulé.

Ces consultations populaires, véritables Referendums, étaient pratiquées aussi à Genève, où pendant cent ans, de 1440 à 1540, elles furent obligatoires, et à Zurich où elles n'intervenaient qu'en présence de situations fort difficiles, ainsi qu'il résulte d'un acte officiel de 1531, par lequel le gouvernement de Zurich s'engageait « à ne plus commencer aucune guerre sans la volonté de la campagne, et à prendre l'avis des bonnes gens de la campagne sur toutes les affaires importantes » (2).

3° Par l'institution connue sous le nom de Referendum, et pratiquée dans les Grisons et le Valais.

Il y avait enfin une institution pratiquée dans le Valais et les Grisons, et qui portait déjà le nom de Referendum. Les Grisons formaient une véritable fédération, image en petit de la Suisse tout entière; c'était une fédération de communes indépendantes, et c'est à ce

---

(1) Le Grand Conseil de Berne avait ratifié, en 1590, la paix de Nyon, en vertu de laquelle Genève, qui était alliée avec Berne, était donnée au duc de Savoie. Le peuple, consulté sur ce traité, refusa de l'approuver, se montrant ainsi plus éclairé et plus patriote que ses représentants.

(2) Voyez Signorel, *Etude sur le Referendum législatif*, page 273.

caractère d'état fédératif que tenait l'existence du Referendum.

Au xve siècle, les communes indépendantes, qui composaient le canton des Grisons, contractèrent entre elles des
alliances et formèrent trois ligues : la Ligue Grise, la
Ligue de la Maison de Dieu et la Ligue des Dix Judicatures;
chacune d'entre elles nommait des délégués qui se réunissaient en assemblée générale, la Diète, pour préparer et
discuter les lois.

La Diète discutait les questions de politique étrangère
et d'administration générale et non celles de droit civil
ou de droit pénal (chaque commune ou à peu près
ayant le sien). Mais les décisions prises par la diète
n'avaient qu'un caractère provisoire ; on les soumettait
toutes à l'approbation des communes, qui répondaient à
leur guise. On dépouillait le résultat de ces consultations,
et les décisions de la Diète ne devenaient obligatoires que
lorsque la majorité des communes les avaient ratifiées par
leur vote.

Dans le haut Valais, qui était partagé en districts appelés dixains, chaque dixain avait un conseil qui nommait
des députés, dont la réunion constituait la diète, appelée
Landrath. Les décisions de cette assemblée étaient également soumises à la ratification populaire, en ce sens
qu'elles étaient communiquées au peuple qui les discutait dans ses assemblées communales : le vote avait lieu
par district, et ne devenaient obligatoires que les décisions
approuvées par la majorité des districts.

Cette mesure constituait un Referendum véritable, reposant, il est vrai, sur un autre principe que le Referendum actuel (1), mais qui habituait les habitants de ce pays

(1) C'était, en effet, un Referendum employé au sens diplomatique
du mot : le canton étant composé de districts indépendants et souverains, l'assemblée du canton ne pouvait légiférer que provisoire-
ment, et les députés de cette assemblée n'étaient que des chargés
d'affaires qui devaient en référer, comme les agents diplomatiques,
à ceux dont ils tenaient leurs fonctions.

à ne voir dans les décisions de leurs représentants que des actes provisoires, devant nécessairement être suivis d'une ratification émanant d'eux, ce qui les obligeait à étudier les questions à eux soumises, développait peu à peu leur éducation politique et les préparait ainsi à la pratique du Referendum actuel.

Telle est la première période de l'histoire du Referendum en Suisse et la manière dont cette institution commençait à y être pratiquée, quand éclata en France la Révolution de 1789, qui devait avoir un contre-coup en Suisse et modifier la situation politique de cet Etat.

CHAPITRE II

Marche du Referendum en Suisse de 1789 à 1848.

SECTION PREMIÈRE

Influence de la Révolution Française en Suisse.
La Constitution de 1802 et le premier essai de votation populaire au point de vue constitutionnel. — L'acte de médiation.

La Révolution, qui avait proclamé en France la République une et indivisible, poussée par son irrésistible besoin d'expansion, profita des dissentiments qui existaient, depuis longtemps déjà, entre Berne et le pays de Vaud, qui lui était alors soumis, pour faire pénétrer ses soldats en Suisse, et chercher à y établir une république unitaire et centralisatrice à l'image de la République française (1).

Cette conception de république unitaire ne pouvait convenir en aucune façon à la Suisse, habitée par des peuples de race, de langue, de mœurs et de religion différentes, et composée par des cantons tous jaloux de leurs prérogatives et de leur autonomie.

(1) La Suisse comprenait alors, à côté des cantons souverains, des pays sujets, dont les habitants étaient privés des droits politiques. Aussi les idées d'égalité politique que la Révolution française avait solennellement proclamées séduisirent-elles ces populations sujettes, qui, pour conquérir leur indépendance politique, appelèrent à elles les armées de la Révolution, qui ne demandaient, d'ailleurs, qu'une occasion de s'immiscer dans les affaires de la république helvétique.

Aussi, la Constitution de 1798, rédigée à Paris sur le modèle de celle de l'an III, et qui consacrait pour la Suisse le régime de la république unitaire, ne devait-elle avoir qu'une existence des plus éphémères, après avoir soulevé des protestations énergiques et même des révoltes à main armée dans certains cantons, qui refusèrent de prêter serment à cette Constitution qui leur était imposée par la force des armes. Avec cette Constitution du 12 avril 1798 le régime représentatif était établi en Suisse, la diète était supprimée et les cantons perdaient cette autonomie à laquelle ils tenaient tant.

Imbue de l'esprit centralisateur qui régnait alors, cette Constitution faisait de chaque canton suisse, jusqu'alors indépendant, des divisions administratives toutes semblables les unes aux autres, comme les départements français, et où aucune considération de religion ni de coutumes n'était observée : avec elle toute trace de Referendum était anéantie, et la disparition de cette institution, qui avait déjà jeté de profondes racines en Suisse, et qui se trouvait emportée d'une façon aussi violente, devait contribuer également à précipiter la chute d'une Constitution qui, à tous ses défauts d'incompatibilité avec le pays, joignait encore, aux yeux du peuple suisse, celui, plus grand, de son origine étrangère.

Mais, il faut bien le reconnaître, si la Révolution française se présentait en Suisse avec ce caractère de centralisation excessive, et avait eu pour effet immédiat d'aboutir à cette constitution de 1798, elle eut aussi une influence plus profonde. qui ne se développa pas aussitôt, mais qui certainement par la suite contribua pour une large part à l'extension des droits politiques du peuple.

En effet, par les principes qu'elle avait proclamés, la Révolution française développa en Suisse les idées de souveraineté populaire, y exalta les droits du peuple, et devint ainsi une des causes principales, bien que n'ayant pas eu un effet immédiat, du grand mouvement démocratique qui devait étendre si largement, en Suisse, dans le cours de notre siècle, le domaine du Referendum.

Aussi, après la courte disparition de cette institution, nous la verrons renaître et se développer avec une vigueur nouvelle et sous son véritable caractère actuel de participation du peuple à l'œuvre constitutionnelle et législative.

Pour mettre fin aux troubles que l'application de la constitution de 1798 avait soulevés, Bonaparte proposa en 1802 à la Suisse une constitution nouvelle dont l'existence fut encore plus courte, puisque un an après, elle fut remplacée par l'acte de médiation.

Il serait même inutile d'en parler, tant son existence fut éphémère, si, par un certain côté, elle ne se rattachait directement à notre sujet. En effet, voulant faire en Suisse ce qu'il avait pratiqué en France, Bonaparte soumit au vote de tous les citoyens la constitution nouvelle qu'il proposait, et ce fut la première apparition de la sanction populaire dans le droit constitutionnel fédéral.

165.000 citoyens prirent part à cette votation ; 72.500 acceptèrent la constitution et 92.500 la rejetèrent. La constitution fut néanmoins déclarée adoptée, car on ajouta au nombre de tous ceux qui avaient voté *oui* les 167.000 citoyens qui s'étaient abstenus de prendre part au vote ; ce qui fait qu'en somme cette consultation populaire se rapprochait par là davantage du *veto* que du Referendum, car c'est seulement dans le système du veto que tous ceux qui s'abstiennent sont comptés comme acceptant le projet qui leur est présenté, toujours en vertu de l'adage : « *Qui tacet consentire videtur.* »

Née sous d'aussi défavorables auspices, acceptée seulement par une très faible minorité, cette constitution ne pouvait pas ramener le calme en Suisse, et Bonaparte, qui s'en rendait parfaitement compte, intervint à nouveau d'une manière plus directe et plus efficace par l'acte de médiation.

Il avait compris que vouloir faire de la Suisse une république unitaire était une utopie, et que les cantons qui jouissaient depuis longtemps de l'autonomie, se refuseraient toujours à supporter l'ingérance et la prépondérance du pouvoir central dans leurs affaires intérieures. Aussi cet acte de médiation était, comme le dit très bien Duvergier de Hauranne (1), « une sage conciliation entre le présent et le passé, entre les besoins de concentration politique qui commençaient à se produire et les besoins d'autonomie locale qui existaient alors et qui existent encore aujourd'hui. Cette constitution assurait à la confédération l'unité politique nécessaire sans porter atteinte à la variété des anciennes institutions et des anciennes mœurs. »

La Suisse retrouva le calme avec l'acte de médiation qui rétablissait l'état de choses antérieur à 1798. On vit reparaître la diète, composée de 25 délégués des 19 cantons (2) qui retrouvaient leur autonomie, ainsi que l'attestait l'article 12 de l'acte de médiation : « Les cantons jouissent de tous les pouvoirs qui n'ont pas été expressément délégués à l'autorité fédérale. »

Des constitutions diverses étaient imposées aux cantons ; mais, à part cela, les citoyens des cantons avaient reconquis le droit de faire leurs lois intérieures ; ils purent alors voir revivre les anciennes coutumes qui étaient le triomphe de la démocratie, et auxquelles ils étaient si fortement attachés.

C'est ainsi que, de nouveau, les Landsgemeinde s'assemblèrent et que le Referendum, après avoir subi une courte

_____

(1) *Revue des Deux Mondes,* année 1873. Livraison du 15 avril, pages 760, 761.

(2) Les six grands cantons, c'est-à-dire ceux dont la population dépassait 100.000 âmes, nommaient chacun deux délégués ; les autres nommaient un seul délégué.

éclipse depuis 1798, reparut. Mais la chute de l'empire
français vint bouleverser cet état de choses et jeter de nouveau le trouble au sein de la République helvétique. Le
Congrès de Vienne, qui refit presque complètement la
carte de l'Europe, intervint alors pour rétablir l'ordre.

SECTION 2me

**Le Pacte fédéral, le Veto introduit à St.-Gall, Lucerne, Schaffhouse.
La guerre du Sonderbund et la revision du Pacte fédéral.**

Après avoir réuni aux dix-neuf cantons anciens les trois
cantons du Valais, de Neuchâtel et de Genève, le Congrès
de Vienne fit jurer à Zurich, en 1815, aux représentants
des vingt-deux cantons, une constitution nouvelle connue
sous le nom de Pacte fédéral qui fit de la Suisse un intermédiaire entre la confédération et l'Etat fédéral, qui ne
devait être établi d'une manière absolue que par la Constitution de 1848.

Ce pacte fédéral maintenait l'existence de la diète; mais
la composition de cette assemblée était modifiée, et d'une
façon tellement malheureuse, qu'il était facile de prévoir
qu'une Révolution intérieure serait la conséquence logique et fatale de cette modification.

D'après le Pacte fédéral, en effet, la diète était toujours
composée des délégués des cantons; mais ces derniers,
quelles que fussent leur importance et leur population, ne
nommaient chacun qu'un délégué; il y avait ainsi vingt-
deux délégués dans la diète, et comme les décisions étaient
prises à la majorité absolue dans la plupart des cas, sauf
pour les questions de paix ou de guerre, où la majorité
des trois quarts était requise, il était facile de prévoir que
les petits cantons, à population très faible, enorgueillis
d'avoir dans l'assemblée souveraine une représentation
égale à celle des cantons les plus riches et les plus peuplés,

donneraient à leurs représentants l'ordre de s'unir et de voter ensemble pour faire échec à la représentation des grands cantons.

Une semblable disposition, faisant en somme décider toutes les questions soumises à la diète par la majorité des cantons qui, par suite de l'unique représentant accordé à chacun d'entre eux, était bien loin d'être la majorité des citoyens suisses, devait faire naître des dissentiments aigus et perpétuer en Suisse pendant de longues années un état de trouble qui aboutit à la guerre du Sonderbund, et auquel la constitution de 1848 mit heureusement un terme.

Au point de vue cantonal, le pacte fédéral laissait la liberté la plus entière. Chaque canton pouvait régler à sa guise sa constitution intérieure. Il y eut alors à cet égard une ligne de démarcation profonde entre deux groupes de cantons : les uns hostiles à l'influence prépondérante de la démocratie, les autres au contraire se laissant entièrement dominer par elle : chez ces derniers la démocratie continua à progresser, tandis que chez les premiers elle fut arrêtée dans son essor et contrainte de faire même quelques pas en arrière.

Ainsi, dans les cantons démocrates, les Landsgemeinde et le Referendum continuèrent à être employés, avec certaines modifications cependant, la plupart tendant à augmenter encore les droits du peuple, par exemple en facilitant et en augmentant l'initiative populaire (1), tandis que dans les autres cantons, où dominait l'influence hostile à un plus grand développement des droits du peuple, le régime représentatif régna de nouveau en maître et bientôt, en vertu de lois habiles établissant un cens électoral

---

(1) Dans ce groupe de cantons, il convient cependant de noter une exception à cette tendance en avant du mouvement démocratique : je veux parler du canton de Zug : on enleva à l'assemblée du peuple le droit de ratifier les lois, et on ne lui conserva plus que celui de procéder à l'élection des magistrats : c'est le seul canton démocratique où le Referendum disparut alors.

élevé, le pouvoir passa presque tout entier aux mains de l'aristocratie, qui en profita pour modifier les constitutions cantonales dans un sens réactionnaire, et pour soustraire ces modifications à la sanction populaire.

La marche en avant de la démocratie subit donc à cette époque un temps d'arrêt en Suisse; il ne devait pas être de longue durée : la révolution qui venait d'éclater en France en 1830 et les aspirations du peuple, presque générales en Europe, à prendre une place de plus en plus importante dans la direction des affaires publiques, allaient se faire sentir en Suisse dans les cantons d'abord, et, après la guerre du Sonderbund, dans la confédération, pour aboutir à la constitution de 1848.

C'est dans le canton de Saint-Gall, en 1830, que ce nouveau mouvement en avant de la démocratie prit naissance. Il y avait alors dans ce canton et dans l'assemblée réunie pour reviser la constitution cantonale deux partis puissants et en lutte ouverte : le parti démocratique et le parti parlementaire. Le premier favorable à l'extension de plus en plus grande des pouvoirs de la démocratie et partant partisan du Referendum, le deuxième au contraire soutenant avec ardeur la cause du régime représentatif, alors en vigueur dans ce canton.

Le premier parti avait à sa tête Diog de Rapperswyll, qui, imbu des idées de Rousseau, et voyant l'idéal dans la réalisation la plus complète du gouvernement direct, réclamait avec instance qu'on inscrivît dans la nouvelle constitution du canton le Referendum et l'initiative populaire au point de vue législatif. Les partisans du régime représentatif, qui voyaient gravement menacé leur système de gouvernement par l'introduction de ces institutions démocratiques dans la constitution cantonale, s'élevèrent avec vigueur contre cette proposition.

L'exaltation des partis allait croissant, et la guerre civile aurait peut-être éclaté au sein du canton sans l'habile intervention d'un des constituants, le docteur Henne, qui termina ces dangereuses discussions par une transaction.

Le parti démocratique renonçait à l'introduction du Referendum et de l'initiative populaire dans la constitution du canton, mais en revanche le parti parlementaire accordait au peuple le droit de veto ; c'est-à-dire que, qurante-cinq jours après le vote de chaque loi par le grand conseil du canton si la majorité plus un des citoyens inscrits comme électeurs s'était prononcée contre ces lois, le peuple pouvait les rejeter par son vote, et partant en empêcher la mise à exécution.

La constitution qui sanctionnait ce droit fut ratifiée par le peuple.

Ce veto du canton de Saint-Gall n'était pas encore le Referendum, qui permet aussi bien d'accepter que de rejeter une mesure proposée, mais il en était le précurseur, et il lui facilitait l'entrée dans la constitution des cantons.

Du canton de Saint-Gall, le veto passa dans divers autres, et notamment à Bâle-Campagne, à Lucerne, à Schaffouse, dans le Valais. — Mais il n'y fit qu'une apparition d'assez courte durée, et fut remplacé dans ces cantons peu de temps après son introduction par le Referendum, auquel il avait en quelque sorte frayé la voie.

La démocratie voyait ainsi de jour en jour son pouvoir s'accroître dans les cantons, et le pacte fédéral, qui réglait l'autorité suprême dans la confédération, ne cadrait plus avec cette orientation nouvelle (1).

De plus, la représentation égale de chaque canton à la diète, sans tenir aucun compte de la population de chacun d'eux, faisait naître des coalitions des petits cantons contre

---

(1) Ce pacte n'était qu'une convention faite entre des états souverains, et non une constitution élaborée par les représentants du peuple, et sanctionnée par ce dernier.

les grands et donnait, par là, peu d'autorité aux décisions prises par cette assemblée (1).

Telle fut la cause du trouble profond qui régna en Suisse pendant un certain laps de temps, et aussi de l'hésitation et de la lenteur que mit la diète à poursuivre l'alliance formée, en violation du pacte fédéral, par les sept cantons catholiques contre les cantons protestants. Ces derniers qui se trouvaient en majorité à la diète, lui firent voter une proposition d'après laquelle les jésuites, accusés de troubler l'ordre et la sécurité en Suisse, devaient être expulsés.

Les sept cantons catholiques alliés refusèrent de sanctionner cette proposition, et protestèrent avec énergie contre cet acte qu'ils qualifièrent d'attentatoire à la souveraineté des cantons, seuls juges de savoir s'ils devaient, oui ou non, procéder à cette expulsion.

La diète déclara alors l'alliance des sept cantons illégale, et proclama sa dissolution, en persistant dans sa résolution à l'égard de l'expulsion des jésuites.

La situation tendue à ce point ne pouvait qu'aboutir à une lutte violente ; c'est en effet ce qui se produisit, et la guerre dite du Sonderbund éclata.

La diète, disposant d'une armée nombreuse et bien commandée, triompha, non cependant sans avoir eu à compter avec la résistance longue et glorieuse des sept cantons alliés.

Exaspéré par cette lutte terrible, le parti radical, qui venait de triompher, abusa de sa victoire; il s'empara du pouvoir presque partout, et les élections à la diète, faites sous sa pression, lui furent naturellement favorables.

Cette diète nouvellement élue, fut convoquée à Berne pour refaire la constitution. Les opinions opposées au

(1) Qui représentait une majorité d'états, et non la majorité du peuple suisse; ce n'était pas une assemblée législative, mais un congrès d'état.

parti radical furent réduites au silence ; il y eut des exils,
des confiscations, des violences de toute nature, et cependant toute cette agitation révolutionnaire, au moment où
l'on aurait pu redouter, à juste titre, de voir la liberté
disparaître complètement de la Suisse, donna à ce pays
une des meilleures et des plus sages constitutions dont il
ait eu à jouir.

CHAPITRE III

Développement du Referendum, de 1848 à nos jours.

La constitution de 1848 est véritablement une constitution fédérative, appropriée aux besoins et aux traditions nationales. Comme le dit Esmein : « En 1848, la confédération suisse, tout en gardant son nom, se changeait en un véritable Etat fédératif » (1). La Constitution des Etats-Unis a servi de guide et de modèle à ceux qui l'ont rédigée. Comme cette dernière, elle concilie les droits des cantons et ceux de la majorité numérique du pays, en confiant la législation fédérale à deux chambres diversement élues.

En effet, d'après cette constitution de 1848, le pouvoir suprême de la confédération appartient à l'Assemblée fédérale, qui se compose de deux sections bien distinctes, et cette division de l'Assemblée fédérable en deux chambres vient justifier notre proposition de tout à l'heure, c'est-à-dire que la constitution de 1848 est véritablement une constitution fédérative. Ces deux chambres sont : le Conseil national, élu proportionnellement à la population de chaque canton, à raison de 1 député par 20.000 électeurs, et le Conseil des Etats, où chaque canton, sans tenir compte du chiffre de sa population, est représenté par deux membres.

Le Conseil des Etats représente ainsi la souveraineté des cantons dans ses rapports avec la souveraineté nationale représentée par le Conseil national.

Cette Constitution, et c'est le point qui nous intéresse spécialement, adoptait enfin officiellement le Referendum

(1) Esmein, *Eléments de droit constitutionnel*, page 259.

en matière constitutionnelle, et dans la confédération et dans les cantons, comme l'indiquent les articles suivants :

ARTICLE 6. — « Les cantons sont tenus de demander à la confédération la garantie de leur constitution. Cette garantie est accordée, pourvu que ces constitutions aient été acceptées par le peuple et qu'elles puissent être revisées lorsque la majorité absolue des citoyens le demande.»

ARTICLE 113. — « Lorsque 50.000 citoyens suisses ayant le droit de voter demandent la revision, la question de savoir si la constitution fédérale doit être revisée est soumise à la votation du peuple suisse. Si la majorité des citoyens suisses prenant part à la votation se prononce pour l'affirmative, les deux Conseils seront renouvelés pour travailler à la revision. »

ARTICLE 114. — « La constitution fédérale revisée entre en vigueur lorsqu'elle a été acceptée par la majorité des citoyens suisses prenant part à la votation, et par la majorité des Etats. »

Voilà donc, définitivement consacré, en matière constitutionnelle au moins, le principe et l'application du Referendum, et les cantons obligés de soumettre au peuple leurs constitutions, s'ils veulent voir la confédération les protéger dans leur souveraineté et l'intégrité de leur territoire.

Ce mouvement en avant de la démocratie dans la confédération allait en s'accentuant dans les cantons, qui avaient d'ailleurs toujours précédé la confédération dans cette voie, et qui la précédaient encore à cette époque, puisque déjà dans la majorité d'entre eux les lois ordinaires votées par les conseils cantonaux étaient soumises à la ratification du peuple, alors que la constitution de 1848 ne reconnaissait l'obligation de la sanction populaire que pour les lois constitutionnelles, et que c'est en 1874 seulement, comme nous le verrons plus loin, qu'entraînés pàr l'exemple des cantons, les Suisses firent pénétrer le Referendum dans le domaine de la législation fédérale.

Au *veto*, en effet, qui avait été pratiqué en matière législative dans certains cantons après 1830, avait succédé bientôt le Referendum qui alla en se développant d'année en année, surtout au point de vue financier. C'est ainsi qu'en 1858, dans le canton de Neuchâtel, on décida que tout emprunt ou engagement financier dépassant la somme de 500.000 francs serait soumis à la ratification du peuple : de facultatif le Referendum devint même obligatoire dans certains cantons. Ainsi, en 1863, à Bâle-Campagne, la constitution cantonale décida que toutes les lois et décisions d'une portée générale devraient être dans un délai de trente jours soumises au peuple, pour qu'il les acceptât ou les rejetât à la majorité ; ce mouvement en faveur du Referendum devint presque irrésistible, puisqu'en 1869 tous les cantons, à l'exception de Bâle-Ville, Genève, le Tessin et Fribourg, avaient accordé droit de cité à cette institution.

Quelques années après, Bâle, Genève et le Tessin renoncèrent à lutter contre le mouvement démocratique, et il n'y a plus aujourd'hui dans toute la Suisse que le seul canton de Fribourg qui pratique le régime représentatif pur, sans avoir jamais laissé le Referendum législatif pénétrer dans sa constitution.

Il est bien évident que l'exemple et la contagion sont pour quelque chose dans ce mouvement qui a envahi les uns après les autres tous les cantons suisses, mais à eux seuls ils ne suffisent pas à en expliquer et le succès et la rapidité ; ce mouvement en avant de la démocratie a une cause sociale profonde : c'est la tendance actuelle, non seulement en Suisse, mais dans le monde entier, que le peuple a de s'élever au-dessus de sa condition actuelle, et de prendre une part de plus en plus grande dans la direction des affaires publiques.

A cette cause générale vient s'ajouter, pour la Suisse, une cause particulière qui tient à l'organisation du pouvoir dans le canton suisse. En effet, le pouvoir législatif y appartient à une chambre unique, appelée le Grand Conseil, qui possède aussi presque en entier le pouvoir exécutif, puisque c'est lui qui nomme les juges et la majorité des fonctionnaires, et qu'on peut toujours en appeler devant lui des décisions de l'assemblée qui constitue le pouvoir exécutif du canton, mais bien plus nominalement que réellement.

Le Grand Conseil devient en somme une convention au petit pied, et alors, comme le dit très bien Deploige (1), « on a oublié de mettre un frein à ce moteur puissant, et on s'est vu réduit à chercher dans la sanction populaire le seul contrôle vraiment efficace auquel pût être soumis le Grand Conseil, la seule borne qu'il fût possible d'opposer aux empiétements de cette assemblée souveraine, et aux progrès ultérieurs de son omnipotence. »

Tels furent les motifs qui amenèrent le développement rapide et général du Referendum dans les cantons ; ils devaient également agir dans la confédération et faire établir bientôt cette institution chez elle au point de vue législatif.

Il y a bien cependant, comme nous l'avons vu plus haut, deux assemblées dans la confédération, et il semble, au premier abord, qu'il n'y eût pas ici à redouter l'omnipotence d'une assemblée unique comme dans les cantons où il n'existait qu'une seule chambre, le Grand Conseil. Mais dans la confédération, le conseil des Etats joue un rôle peu important, et bien inférieur à celui du conseil national. Le gouvernement, en effet, personnifié par le conseil fédéral (2). peut prendre des arrêtés qui sont parfois de véritables lois, et règlent des questions fort impor-

---

(1) Voir Deploige, *le Referendum en Suisse*, page 52.
(2) Le Conseil fédéral est le pouvoir exécutif dans la confédération.

tantes ; on peut déférer ces arrêtés aux deux assemblées de la confédération, mais si les deux assemblées sont d'avis contraire, l'arrêté subsiste. En conséquence, le conseil fédéral, s'il s'appuie sur le conseil national, peut prendre toutes les mesures qu'il veut, puisqu'elles subsisteront malgré l'opposition du conseil des Etats. — Or, le conseil fédéral est élu par les deux chambres de la confédération ; mais comme le Conseil national a 146 membres, et le conseil des Etats seulement 44, le conseil fédéral se trouve élu, en somme, par le conseil national, qui jouit ainsi d'une grande prépondérance.

Cette prépondérance du conseil national a été une des causes de l'introduction du Referendum législatif dans la Confédération.

C'est à partir de 1864 surtout que ce mouvement en faveur de l'introduction du Réferendum législatif dans la confédération prit de l'importance ; les partis politiques, et surtout le parti radical, songeaient à restreindre l'autonomie cantonale, et à fortifier l'autorité centrale ; mais, pour arriver à ce résultat, à un moment où le mouvement en faveur de l'extension des pouvoirs du peuple dans les cantons était considérable, comme on voulait restreindre l'autonomie cantonale, ce qui était, en somme, toucher aux droits du peuple, il fallait, en compensation, étendre ces mêmes droits dans la confédération, et, pour cela, arriver à y établir le Referendum législatif.

Une revision de la constitution de 1848 s'imposait donc, et cependant l'agitation qui devait aboutir, après de nombreuses péripéties et deux échecs successifs, au vote de la constitution de 1874 qui régit encore aujourd'hui le peuple suisse, naquit d'une question tout à fait étrangère à cet ordre d'idées.

En effet, en 1864, fut conclu, et ratifié par l'assemblée fédérale, entre la France et la Suisse, un traité de commerce, aux termes duquel le droit d'établissement était

concédé à tout Français sans distinction de religion (1).
Ce traité se trouvait en désaccord formel avec la constitution de 1848 qui n'accordait ce droit de libre établissement
qu'aux Suisses appartenant à une confession chré-
tienne. Les israélites suisses, à la suite de ce traité de commerce demandèrent la revision de la constitution de 1848,
afin qu'ils fussent mis sur un pied d'égalité avec les israélites français. Leurs prétentions se trouvaient absolument
justifiées, et l'assemblée fédérale y donna son assentiment.
La revision de la constitution s'imposait donc sur ce point.
Le conseil fédéral en profita pour soumettre en même
temps au peuple suisse différents points sur lesquels il
pensait que la revision s'imposait également (2). Le peuple
ne donna son assentiment qu'à deux des modifications à
la constitution qui lui étaient soumises, l'une tendant à
établir dans toute la confédération l'uniformité des poids
et mesures, et l'autre (celle pour laquelle la revision de la
constitution s'imposait), rendant l'exercice du droit d'établissement indépendant de la confession religieuse du
citoyen. Ce résultat inattendu de la sanction populaire
provenait de la tactique des radicaux, partisans de la doc-
trine « du tout ou rien », et qui, ne pouvant obtenir,
comme ils le désiraient, une revision totale, avaient refusé
de donner leur assentiment à une revision partielle, espé-
rant qu'en la faisant échouer, ils parviendraient plus
sûrement à leur but.

Les radicaux voulaient, en effet, modifier la constitution
dans un sens centralisateur, pour donner la prépondérance aux cantons allemands, les plus peuplés et où ils

(1) C'est-à-dire le droit pour tout Français de se fixer dans n'importe quel canton suisse, et d'y jouir des droits et prérogatives
attachés au titre de « citoyen établi ».

(2) Il y en avait en tout sept : les uns concernant le droit d'établissement, les autres concernant des dispositions législatives relatives à la protection de la propriété littéraire et artistique, au droit
de vote, à l'interdiction des jeux de hasard, à l'unification des poids
et mesures.

comptaient le plus d'adhérents, et combattre ainsi plus facilement l'influence de l'Église dans les cantons catholiques.

Leur programme se résumait, à cette époque, en trois mots (1) : « Une armée (2), un droit, guerre à l'ultramontanisme. »

Pour le voir réaliser, il fallait enlever aux cantons le droit de légiférer sur le droit civil et pénal, droit auquel ceux-ci étaient très fortement attachés, et qu'en leur arrachant la constitution de 1798 s'était, pour ainsi dire, comme nous l'avons vu, condamnée, à mort en naissant.

On ne pouvait donc pas songer à ravir au peuple suisse cette autonomie, au point de vue législatif, qui lui était si chère, sans lui accorder en retour un pouvoir équivalent. C'est ainsi que le Referendum, pour les lois fédérales, apparaissait comme la conséquence logique de la centralisation plus forte qu'on voulait établir dans la confédération.

Aussi, tous ceux qui, sans appartenir au parti radical, ne luttaient que pour le développement des droits du peuple, devinrent aussi les partisans de l'extension de l'autorité fédérale, sentant bien que c'était là le moyen le plus puissant pour obtenir le Referendum législatif en matière fédérale.

C'était bien, en effet, pour cette nouvelle conquête de la démocratie que la question de la revision de la constitution se posait en réalité, plus encore que pour assurer le développement de l'autorité centrale, et le discours du président du conseil national, M. Brünner, à l'assemblée fédérale réunie, en novembre 1871, pour discuter sur cette revision, vient le prouver clairement.

« Il s'agit, dit-il, de savoir si et de quelle manière l'in-

(1) Deploige, page 57.
(2) Cette idée de centralisation de l'armée fit de rapides progrès en Suisse après la guerre franco-allemande.

tervention directe du peuple est admissible dans les affaires législatives du pays. Depuis que le Referendum a été introduit dans la plupart des cantons, il est, à mon avis, impossible, politiquement parlant, de faire une revision dans un sens centralisateur sans reporter sur le peuple suisse en son entier les droits que cette revision enlève aux cantons. »

La question était posée nettement : et partisans et adversaires du Referendum firent retentir les salles des délibérations de l'assemblée fédérale des discussions les plus vives et les plus intéressantes.

Pour les uns, le développement de cette institution ne pouvait produire que les plus fâcheux résultats. « Pour ma part, disait notamment M. Welti, je suis convaincu que le peuple ne pourra pas remplir les fonctions de législateur. »

« Les idées progressives, déclara de son côté M. Gonzenboch, ne sont pas le privilège des masses, mais des individualités isolées : quand on dit que le Referendum rendra l'exécution des lois plus facile, on se trompe : une loi acceptée à une petite majorité sera difficilement exécutée. »

Les autres, au contraire, en étaient résolument partisans : « Le Referendum, disait M. Scherer, est un moyen puissant d'instruction politique du citoyen qui, pour pouvoir donner son suffrage, doit nécessairement étudier les questions et examiner si telle et telle loi répond ou non aux intérêts du pays et peut être considérée comme opportune.

« Il aura, en outre, cet avantage que nous ferons moins de lois, mais que nous les ferons plus claires, plus courtes et qu'on évitera en particulier de décréter des lois de circonstances. » (1)

---

(1) Ces citations sont extraites du *Protocole des délibérations du conseil national suisse concernant la revision de la Constitution fédérale.* 1871-1872.

Mais comme la majorité de l'assemblée était ouvertement favorable à une augmentation de l'autorité centrale, une transaction intervint entre partisans et adversaires du Referendum.

L'assemblée fédérale consacra le Referendum facultatif pour toutes les lois et les arrêtés n'ayant aucun caractère d'urgence, et l'initiative populaire ; mais pour que ces deux institutions pussent être mises en mouvement, il fallait une demande émanant de 50.000 citoyens ou de 5 cantons. En retour, l'autorité fédérale obtenait de statuer, pour toute l'étendue de la Suisse, sur le droit civil et pénal, la procédure, la chasse et la pêche, les chemins de fer, etc.

Ce projet de constitution revisée fut soumis au peuple, qui le rejeta par 261.072 *non* contre 255.609 *oui*. Cet échec fut dû à une alliance, qui devait être éphémère, conclue entre les adversaires à outrance de la centralisation et les catholiques, qui redoutaient l'ingérence du pouvoir central au point de vue religieux.

De plus, il faut bien le reconnaître, on avait voulu aller trop vite dans la voie de la centralisation, et nombre de bons esprits, dégagés de toute idée de parti pris et de pensées politiques, avaient reculé devant un vote qui, faisant table rase de toutes les coutumes des cantons, unifiait le droit et la procédure et les remettait uniquement aux mains de la confédération.

Néanmoins, il y avait des réformes que tous les partis politiques admettaient, et qui devaient nécessairement amener le triomphe des partisans de la revision de la constitution.

Du reste, ce triomphe fut facilité encore par des modifications apportées au projet primitif, modifications qui, tout en étendant les pouvoirs de l'autorité centrale, n'allaient pas jusqu'à rendre la confédération maîtresse omnipotente du droit et de la procédure.

C'est ainsi que, dans le nouveau projet de revision de la constitution, on laissait l'administration de la justice aux cantons ; de plus, par une tactique habile, les radicaux, qui étaient les plus chauds partisans de la revision, gagnèrent à leur cause nombre de protestants, hostiles cependant à toute idée de centralisation, par des mesures dirigées contre les catholiques et inspirées au parti radical non seulement par une pensée de lutte religieuse, mais plus encore par le désir d'imiter l'Allemagne toute-puissante où régnaient alors, dans toute leur vigueur, les fameuses lois dites du Kulturkampf, qui avaient pour père le prince de Bismarck.

On peut, à ce propos, remarquer que les questions religieuses sont peut-être celles qui passionnent le plus grand nombre de citoyens, qui engendrent les discussions les plus acharnées, les inimitiés les plus grandes entre les partis adverses, et arrivent à faire voter dans le même sens, à ce point de vue des hommes qui, pour toutes les autres questions, sont d'opinions absolument différentes.

C'est ce qui eut lieu à cette époque en Suisse, et les mesures proposées à l'encontre des catholiques, dans le projet de constitution revisée, rallièrent au parti des radicaux ceux qui jusqu'alors s'étaient séparés d'eux, par crainte du trop grand pouvoir qu'ils voyaient attribuer à la confédération.

Aussi, la nouvelle constitution proposée au peuple fut-elle acceptée, le 19 avril 1875, par 340.199 *oui*, contre 198.013 *non*, et par 13 cantons et demi contre 8 et demi.

Les droits du peuple n'étaient plus les mêmes que dans le projet de 1872. L'initiative populaire, notamment, avait disparu ; mais, en revanche, il suffisait de 30.000 signatures pour obtenir le Referendum sur une loi fédérale ; pour empêcher aux cantons catholiques de faire de l'obstruction à outrance, on exigea que la demande de Referendum émanât de 8 cantons au lieu de 5 (1).

Depuis, cette constitution a encore été modifiée en 1891, dans un sens favorable à l'extension des pouvoirs du peuple; jusqu'à cette époque, en effet, le peuple n'avait l'initiative que pour une revision totale de la constitution; depuis, par la modification constitutionnelle adoptée en 1891, par 183.025 *oui*, contre 120.599 *non*, il a conquis le droit d'initiative pour la revision de certains articles seulement de la constitution.

Nous venons de parcourir ainsi l'origine et le développement du Referendum dans la confédération et dans les cantons. Il est facile de voir combien les progrès de la démocratie ont été nombreux, avec quelle rapidité ils se sont succédé, et à quel point serait inutile toute résistance contre ce mouvement. « Les admirateurs du régime représentatif pur, comme dit M. Numa Droz, doivent en faire leur deuil; ce régime, qui a précisément favorisé l'éclosion et le développement du libéralisme, a fait son temps en Suisse. On ne remontera pas le courant qui l'a emporté. »

Il y a, en effet, comme le dit très bien M. Numa Droz, des courants qu'on ne remonte pas, et il serait aussi téméraire celui qui voudrait barrer la route à la démocratie et supprimer le Referendum en Suisse, que celui qui voudrait aujourd'hui, en France, demander la suppression du suffrage universel.

Est-ce à dire, pour cela, que cette institution du Referendum n'ait pas de défauts ? Bien loin de nous une semblable pensée; mais, malgré ses imperfections, elle est, à l'heure actuelle, profondément attachée au cœur des citoyens suisses, et la preuve manifeste de cet attache-

---

(1) Il n'y a, en effet, que sept cantons catholiques en Suisse ; à eux seuls, ils ne peuvent donc pas demander le Referendum sur toutes les lois, et l'obstruction, de leur part, se trouve ainsi anéantie.

ment, c'est que beaucoup de ceux qui, à l'origine, s'étaient déclarés les adversaires absolus du Referendum, en sont devenus, par la suite, des partisans, comprenant bien qu'en conservant leur première opinion, ils faisaient fausse route et se rendaient hostiles à la plus grande partie de leurs concitoyens.

Après avoir vu les débuts et le développement du Referendum, nous allons maintenant l'étudier en détail dans son fonctionnement actuel dans la confédération et dans les cantons.

DEUXIÈME PARTIE

Fonctionnement actuel du Referendum en Suisse.

Il ne nous paraît pas inutile de rappeler ici, en quelques mots, l'organisation, en Suisse, des deux grands pouvoirs, telle qu'elle ressort de la constitution actuellement en vigueur.

Et d'abord, dans la confédération, le pouvoir législatif appartient à deux Chambres : l'une appelée Conseil national, représentant la souveraineté nationale et comprenant des députés élus au prorata de la population (1) ; l'autre, appelée Conseil des Etats, représentant la souveraineté cantonale et comprenant deux députés par canton.

Ces deux Chambres se réunissent en une seule assemblée, dans des cas déterminés (2), et cette assemblée unique porte alors le nom d'Assemblée fédérale.

Le pouvoir exécutif appartient au conseil fédéral, qui se compose de sept membres, nommés pour trois ans, et désignés, comme nous venons de le voir, par l'assemblée fédérale.

Pour les cantons, il faut distinguer entre ceux où existent les Landsgemeinde, et ceux où elles n'existent pas. Dans les premiers, le pouvoir législatif appartient, de concert avec l'assemblée du peuple, à une chambre élue appelée le

(1) Un député par 20.000 électeurs : les fractions en sus de 10.000 sont comptées pour 20.000.

(2) Par exemple, pour nommer les membres du pouvoir exécutif, du tribunal fédéral, pour exercer le droit de grâce, pour décider les conflits de compétence entre les diverses assemblées fédérales.

conseil cantonal ; dans les autres, à une chambre unique qui porte le nom de Grand Conseil.

Dans ces deux groupes de cantons, le pouvoir exécutif est aux mains d'une assemblée nommée le Conseil d'Etat.

En présence d'une semblable organisation des pouvoirs publics, comment va s'exercer le Referendum ? C'est ce que nous allons voir en étudiant son fonctionnement dans la confédération au point de vue constitutionnel et législatif, dans les cantons à ces deux mêmes points de vue, enfin dans les communes suisses où il est pratiqué ; puis dans un appendice nous dirons quelques mots d'une institution démocratique par excellence et qui se rattache assez étroitement au Referendum : l'initiative populaire.

CHAPITRE PREMIER

Le Referendum dans la Confédération.

SECTION PREMIÈRE

Fonctionnement du Referendum dans la Confédération au point de vue constitutionnel.

Les droits du peuple relatifs à la constitution fédérale sont compris dans les articles 118 à 123 de la constitution du 29 mai 1874, modifiée par la loi constitutionnelle du 8 avril 1891 : nous allons les exposer, et leur lecture nous apprendra le fonctionnement actuel du Referendum dans la confédération :

ARTICLE 118. — La constitution fédérale peut être revisée en tout temps totalement ou partiellement.

ARTICLE 119. — La revision totale a lieu dans les formes statuées pour la législation fédérale.

ARTICLE 120. — Lorsqu'une section de l'assemblée fédérale décrète la revision totale de la constitution fédérale, et que l'autre section n'y consent pas, ou bien lorsque 50.000 citoyens suisses, ayant droit de voter, demandent la revision totale, la question de savoir si la constitution fédérale doit être revisée est, dans l'un comme dans l'autre cas, soumise à la votation du peuple suisse, par *oui* ou par *non*. Si, dans l'un ou l'autre de ces cas, la majorité des citoyens suisses, prenant part à la votation, se prononce pour l'affirmative, les deux chambres sont renouvelées pour travailler à la revision.

ARTICLE 121. — La revision partielle peut avoir lieu soit par la voie de l'initiative populaire, soit dans les formes statuées pour la législation fédérale. L'initiative populaire consiste en une demande présentée par 50.000 citoyens suisses, ayant le droit de vote, et réclamant l'adoption d'un nouvel article constitutionnel, ou l'abrogation ou la modification d'articles déterminés de la constitution en vigueur.

Si, par la voie de l'initiative populaire, plusieurs dispositions différentes sont présentées pour être revisées ou pour être introduites dans la constitution fédérale, chacune d'elles doit former l'objet d'une demande d'initiative distincte. La demande d'initiative peut revêtir la forme d'une proposition conçue en termes généraux ou celle d'un projet rédigé de toutes pièces. Lorsque la demande d'initiative est conçue en termes généraux, les chambres fédérales, si elles l'approuvent, procéderont à la revision partielle dans le sens indiqué et en soumettront le projet à l'adoption ou au rejet du peuple et des cantons. Si elles ne l'approuvent pas, la question de la revision partielle sera soumise à la votation du peuple. Si la majorité des citoyens suisses, prenant part à la votation, se prononce pour l'affirmative, l'assemblée fédérale procédera à la revision en se conformant à la décision populaire. Lorsque la demande revêt la forme d'un projet rédigé de toutes pièces et que l'assemblée fédérale lui donne son approbation, le projet sera soumis à l'adoption ou au rejet du peuple et des cantons. Si l'assemblée fédérale n'est pas d'accord avec le projet émanant de l'initiative populaire, elle peut élaborer un projet distinct ou recommander au peuple le rejet du projet proposé, et soumettre à la votation son contre-projet ou sa proposition de rejet en même temps que le projet émané de l'initiative populaire.

ARTICLE 122. — Une loi fédérale déterminera les formalités à observer pour les demandes d'initiative populaire et les votations relatives à la revision de la constitution fédérale (1).

(1) Cette loi a été votée depuis : elle est du 27 janvier 1892.

Article 123. — La constitution fédérale revisée ou la partie revisée de la constitution entre en vigueur lorsqu'elle a été acceptée par la majorité des citoyens suisses prenant part à la votation et par la majorité des Etats. Pour établir la majorité des Etats, le vote d'un demi-canton est compté pour une demi-voix. Le résultat de la votation populaire dans chaque canton est considéré comme le vote de l'Etat.

D'après ces articles, il y a une distinction fondamentale à faire suivant qu'il s'agit d'une revision totale ou partielle de la constitution, car les modes de procéder ne sont plus du tout les mêmes.

A Revision totale.

L'initiative de la revision totale de la constitution peut être prise de trois manières différentes :

1° *Par l'une ou l'autre des deux chambres.*

Si les deux chambres sont d'accord, elles entreprennent la revision de la constitution comme la confection d'une loi ordinaire. Les deux chambres délibèrent séparément sur le texte revisé, qui va de l'une à l'autre jusqu'à ce qu'il soit adopté par toutes les deux ; ensuite, et c'est ici qu'on s'écarte de la voie suivie pour les lois ordinaires, le texte revisé élaboré par les deux chambres est soumis au vote du peuple et n'entre en vigueur qu'après avoir été adopté par la majorité des électeurs et par celle des cantons.

2° *Par une seule des deux Chambres :*

Il peut très bien arriver qu'une des chambres soit favorable à une revision de la constitution, et que l'autre y soit nettement hostile ; de là un conflit dont on remet la solution au peuple, qui est appelé à trancher le différend en répondant à cette question : « Voulez-vous que la constitution soit revisée, oui ou non ? » C'est ici une dérogation formelle à la règle posée dans l'article 119 de la constitution : « La revision totale a lieu dans les formes statuées pour la législation fédérale, » car, pour les lois ordinaires lorque les deux chambres sont en désaccord sur un projet de loi, on ne va pas plus loin, et le projet de loi est définitivement écarté ;

Nous nous trouvons ici en présence d'un cas d'application du Referendum dit : « de partage » que nous avions signalé dans notre introduction.

3° *Par 50.000 citoyens demandant la revision totale de la constitution.*

C'est là l'initiative populaire en matière constitutionnelle. Dans ces deux derniers cas, avant de procéder à aucun travail de revision, on demande au peuple de décider s'il y a lieu ou non de reviser, et cela pour empêcher l'obstruction systématique d'une chambre à tout projet de revision.

Si le peuple consulté décide qu'il n'y a pas lieu de reviser, tout est dit, et l'on reste dans le *statu quo* au point de vue constitutionnel ; si, au contraire, il est d'avis qu'il faut reviser, les deux chambres sont dissoutes et les conseils nouvellement élus président à la revision. Ils y procèdent comme bon leur semble ; ils ont reçu du peuple l'ordre de reviser, mais le champ le plus large est laissé à leur initiative à ce point de vue ; cette grande latitude que possèdent les deux chambres peut donner naissance à une difficulté que la constitution n'a pas prévue : il peut parfaitement arriver, en effet, qu'elles ne parviennent pas à s'entendre sur le projet nouveau de constitution ; que l'une veuille reviser dans un sens, et l'autre dans un autre : dans ce cas va-t-on aboutir au maintien de l'ancienne constitution? C'est l'opinion de M. Hilty : « L'éventualité prévue, dit-il, le sens des constitutions antérieures le démontre, est celle d'un désaccord des deux conseils sur le principe même de la revision ; s'ils sont d'accord sur ce point, mais ne peuvent s'entendre sur la teneur de la nouvelle constitution, on n'admettrait pas que le peuple décidât, par exemple, pour le projet du conseil national contre le projet du conseil des Etats. Il y a là un point assez obscur, et il pourrait arriver que, le peuple ayant d'ailleurs demandé et voté une revision totale, on ne parvînt pas néanmoins à en trouver la formule. »

Nous ne partageons pas cette manière de voir ; il nous semble que, dans ce cas, une solution s'impose ; c'est que, comme cela existe déjà en cas de revision partielle, le peuple lui-même présente un projet de revision rédigé de toutes pièces. Les chambres alors feraient taire leurs préférences personnelles et leur désaccord sur des points de détail, et mettraient certainement leur orgueil à présenter à leur tour un projet de revision, sur lequel elles seraient d'accord, pour éviter le reproche d'impuissance et d'infériorité des élus aux électeurs, reproche qu'on pourrait leur adresser à juste titre.

Le projet de revision une fois rédigé, est soumis au peuple, et la nouvelle constitution n'est définitivement adoptée que lorsque le peuple l'a ratifiée par son vote, et, de plus, comme la Suisse est un Etat fédératif, où coexistent deux souverainetés, la souveraineté nationale et la souveraineté cantonale, il faut que le consentement de ces deux souverainetés soit acquis à la nouvelle constitution, pour qu'elle puisse entrer en vigueur, c'est-à-dire il faut qu'elle soit approuvée par la majorité du peuple et par celle des cantons.

Ainsi en matière constitutionnelle le Referendum est toujours obligatoire, et tant qu'il n'a pas eu lieu, la nouvelle constitution n'existe encore qu'à l'état de projet, et n'a aucune force exécutoire.

B. Revision partielle.

La revision partielle porte sur un ou plusieurs articles de la constitution. L'initiative de cette revision peut être prise : 1° par les deux chambres, et le projet de révision est ensuite soumis au peuple et aux cantons. Si les deux chambres ne sont pas d'accord pour opérer une revision partielle, c'est-à-dire que l'une soit d'avis de reviser, et l'autre opposée à toute revision, on ne fait pas, comme en matière de revision totale, trancher le différend par le peuple ; on se contente d'abandonner le projet de revision qui est ainsi remis à plus tard ;

2° Par le peuple ; c'est encore ici une nouvelle étape faite depuis peu par la démocratie dans sa marche en avant. D'après la constitution de 1874, le peuple, en effet, ne pouvait demander que la revision totale de la constitution ; c'était un frein imposé à l'ambition de la démocratie, et ce frein a été supprimé par la revision de 1891, par laquelle le peuple a conquis le droit d'initiative pour la revision partielle de la constitution.

Depuis 1891, en effet, 50.000 citoyens ont le droit de demander l'adoption ou l'abrogation d'un ou de plusieurs articles de la constitution. Cette initiative du peuple pour la revision partielle peut s'exercer de deux façons :

1° *Elle peut être conçue en termes généraux, et dans ce cas deux hypothèses peuvent se présenter.*

a) Les chambres sont favorables à cette revision partielle demandée par le peuple ; dans ce cas, elle se mettent au travail, et rédigent le projet de revision demandé, qui est ensuite soumis au peuple.

b) Les chambres sont hostiles au projet de revision partielle demandé par le peuple ; un conflit s'élève ainsi entre les électeurs et les élus ; c'est aux électeurs qu'on se remet du soin de trancher le différend, et, comme toujours en Suisse, c'est à la fois au peuple et aux cantons qu'on le soumet.

Si le peuple et les cantons répondent qu'il n'y a pas lieu de reviser partiellement la constitution, le conflit est tranché, et on reste dans le *statu quo ;* mais si le peuple et les cantons sont d'avis qu'il faut reviser, on aboutit à une solution que nous trouvons profondément regrettable.

En effet, on obligera les chambres alors en fonctions, qui se sont catégoriquement prononcées contre la revision, à faire un projet de revision (1), ce qui a le tort d'être contraire aux principes de la constitution, qui déclare, dans son article 91, « que les membres des deux Conseils votent sans instructions », et, de plus, les chambres se trouvant ainsi contraintes, présenteront, la plupart du temps, un projet inacceptable, ce qui peut soulever l'agitation ; ne serait-il pas plus logique et plus sûr, dans un cas semblable, de procéder au renouvellement des deux Conseils, qui seraient évidemment composés en majorité de revisionnistes, le peuple étant favorable à la revision, et rédigeraient un projet convenable, au lieu d'obliger une chambre, qui est hostile à une mesure, à la discuter et à se décider en sa faveur, ce qui non seulement est un spectacle humiliant pour la représentation nationale, mais peut devenir une cause de danger pour la paix intérieure du pays ?

Le projet de revision une fois rédigé, le peuple et les cantons décident en dernier lieu.

2° Le peuple peut prendre l'initiative d'une revision partielle de la constitution, en rédigeant un projet de toutes pièces, ce qui est le gouvernement direct par excellence. Ce projet ne peut pas être modifié par les chambres ; il doit être soumis au vote du peuple tel quel.

En présence de cette éventualité, les chambres ont le choix entre trois partis : elles peuvent se rallier pleinement au projet émané de l'initiative populaire, ou, au contraire, déclarer qu'il n'y a pas lieu à reviser et, dans ce cas, on soumet au peuple, avec le projet émanant de l'initiative

(1) Les Chambres reçoivent ainsi un véritable mandat impératif.

populaire, la proposition de rejet émanant des chambres, ou enfin elles sont bien favorables, en principe, au projet de revision, mais elles en admettent un autre différent de celui émané du peuple, et, dans ce cas, elles soumettent à la sanction populaire, avec le projet émanant de l'initiative du peuple, un contre-projet dressé par elles.

Ainsi, en matière constitutionnelle, qu'il s'agisse de revision partielle ou totale, le peuple a toujours le dernier mot, et le Referendum obligatoire est absolument, sur ce point, consacré par la constitution.

Depuis 1874, les Referendums, au point de vue constitutionnel, ont été assez nombreux en Suisse, et ils n'y ont pas déchaîné cette agitation que les adversaires de cette institution se plaisent à lui attribuer.

On peut même constater, d'après la statistique que nous publions plus loin, que les mesures de revision que le Referendum a sanctionnées sont presque toutes empreintes d'un caractère de sagesse et de modération, et n'ont troublé en aucune façon l'ordre de choses établi.

Le peuple a montré seulement en 1891 qu'il était assez sage pour qu'on étendît encore ses pouvoirs, et il a obtenu, à cette époque, le droit de pouvoir prendre l'initiative d'une revision partielle de la constitution.

Il faut bien dire que, si ces consultations populaires, au point de vue constitutionnel, n'ont pas jeté le trouble dans le pays, ce n'est pas seulement au mérite du Referendum qu'il faut l'attribuer, mais aussi au caractère et à l'esprit politique du peuple suisse ; et, en effet, jamais la forme du gouvernement n'a été mise en question, les Suisses étant profondément attachés à leurs institutions et ne voulant, pour rien au monde, attenter à la république fédérale qui les gouverne.

Il n'en serait peut-être pas de même dans les autres pays et, pour notre part, nous craindrions qu'en France un Referendum constitutionnel n'entraînât avec lui une grave agitation politique.

Ce résultat fâcheux ne s'est pas produit en Suisse et. dans toutes les consultations populaires auxquelles l'application du Referendum constitutionnel a donné lieu, le Referendum s'est montré plus sagement progressiste que ses partisans eux-mêmes n'auraient osé l'espérer.

Il a étendu les droits de la démocratie, comme le prouve la votation du 5 juillet 1891, mais il s'est résolument tenu à l'écart des utopies proposées par une certaine fraction du parti socialiste, et il en a donné une preuve en repoussant, le 3 juin 1894, à une énorme majorité (1), le projet tendant à établir dans la constitution un article consacrant le droit au travail.

Il a également affirmé, à plusieurs reprises, son respect pour la souveraineté des cantons et son attachement pour le fédéralisme, qui a fait la prospérité du peuple suisse, en rendant aux cantons, en 1879, le droit de rétablir ou non la peine de mort sur leur territoire, et en rejetant, en 1895, une revision de la constitution, qui tendait à une centralisation militaire aux mains de la confédération, et portait ainsi atteinte à l'autonomie des cantons.

On peut reprocher cependant au Referendum de s'être départi de sa modération habituelle en approuvant, en 1893, l'introduction dans la Constitution fédérale d'un article interdisant de saigner les animaux de boucherie avant de les avoir étourdis.

En réalité, cette mesure était dirigée contre les juifs, puisqu'elle prohibait le mode d'abattage prescrit par le rite israélite. Il faut bien reconnaître, d'ailleurs, que c'est peut-être plutôt le mouvement antisémite qui commençait à sévir à cette époque non seulement en Suisse, mais dans l'Europe entière, que le Referendum qu'il faut accuser de cette manifestation d'intolérance religieuse (2).

(1) En effet, dans cette votation, il y eut 308.289 voix contre le projet et seulement 75.880 en sa faveur.

(2) Le vote de cette mesure vient encore à l'appui de l'observation que nous avons déjà faite, à savoir que les questions de

. Mais, à part cette exception regrettable, le Referendum constitutionnel en Suisse s'est montré prudent et avisé, et bien qu'il ait été assez souvent pratiqué, il n'a pas engendré chez le peuple ce déplorable mal de l'abstention en masse et de la lassitude du corps électoral, ainsi que le montre cette liste des votations constitutionnelles qui ont eu lieu depuis 1874.

Liste des principales votations constitutionnelles pratiquées depuis 1874 jusqu'à nos jours.

1° Votation du 19 avril 1874 sur la constitution fédérale revisée soumise au peuple par la loi fédérale du 31 janvier 1874. Acceptants 340.199. Rejetants 198.013. Majorité en faveur de l'acceptation 142.186. États acceptants 13, 1 par moitié. Rejetants 8, 1 par moitié.

2° Votation du 18 mai 1879 sur la modification partielle de l'article 65 de la constitution fédérale soumise au peuple par un arrêté fédéral du 28 mars 1879. Acceptants 200.485. Rejetants 181.588. Majorité en faveur de l'acceptation 18.897. États acceptants 13, 4 par moitié. Rejetants 6, 2 par moitié.

3° Votation du 31 octobre 1880 sur la question de la revision totale de la constitution fédérale, par suite d'un arrêté fédéral du 17 septembre 1880, provoquée par une demande de 52.588 citoyens. Acceptants 121.099. Rejetants 260.126. Majorité en faveur du rejet 139.027.

4° Votation du 30 juillet 1882 sur la revision de l'article 64 de la constitution fédérale soumise au peuple par un arrêté fédéral du 28 avril 1882. Acceptants 141.616. Rejetants 156.658. Majorité en faveur du rejet 15.042. États acceptants 7, 1 par moitié. Rejetants 14, 1 par moitié.

5° Votation du 25 octobre 1885 sur la revision partielle de la constitution fédérale soumise au peuple par un arrêté fédéral du 26 juin 1885 (alcoolisme). Acceptant 230.250. Rejetants 157.463. Majorité en faveur de l'acceptation 72.787. États acceptants 12, 4 par moitié. États rejetants 6, 2 par moitié.

polémique religieuse, étant très irritantes, amènent parfois des hommes, ordinairement sensés et modérés, à voter des mesures que condamnent la justice et la raison.

6° Votation du 10 juillet 1887 sur la revision de l'article 4 de la constitution fédérale soumise au peuple par arrêté fédéral du 28 avril 1887 (brevets d'invention, protection des dessins et modèles).Acceptants 203.506. Rejetants 57.862. Majorité pour 145.644. États acceptants 18, 5 par moitié. l'acceptation Rejetants 1, 1 par moitié.

7° Votation du 26 octobre 1890 sur la revision de la constitution fédérale soumise au peuple par arrêté fédéral du 13 juin 1890 (assurance contre la maladie et les accidents). Acceptants 283.228. Rejetants 92 200. Majorité en faveur de l'acceptation 191.028. États acceptants 18, 5 par moitié. Rejetants 1, 1 par moitié.

8° Votation du 5 juillet 1891 sur la revision du chapitre III de la constitution fédérale soumise au peuple par arrêté fédéral du 8 avril 1891. Acceptants 183.029. Rejetants 120.599 Majorité en faveur de l'acceptation 62.430. États acceptants 16, 4 par moitié. Rejetants 3, 2 par moitié.

9° Votation du 18 octobre 1891 sur la revision de la constitution fédérale soumise au peuple par arrêté fédéral du 29 juillet 1891 (monopole des billets de banque) Acceptants 231.578. Rejetants 158 615 Majorité en faveur de l'acceptation 72.693. États acceptants 12, 4 par moitié. Rejetants 7, 2 par moitié.

10° Votation du 20 août 1893 sur l'introduction d'un article 25 *bis* dans la constitution pour interdire de saigner les animaux de boucherie sans les avoir étourdis au préalable. Acceptants 191.527. Rejetants 127.191. Majorité en faveur de l'acceptation 64.336. États acceptants 11, 1 par moitié. Rejetants 10, 1 par moitié.

11° Votation du 4 mars 1894 sur l'arrêté fédéral du 20 décembre 1893 relatif à l'adjonction à la constitution fédérale d'un nouvel article donnant à la confédération le droit de légiférer en matière de métiers Acceptants 135.713. Rejetants 158.492. Majorité en faveur du rejet 22 779. États acceptants 7, 1 par moitié. Rejetants 14, 1 par moitié.

12° Votation du 3 juin 1894 (initiative ayant pour objet d'introduire dans la constitution fédérale un article consacrant le droit au travail).Adoptants 75.880. Rejetants 308.289. Majorité en faveur du rejet 232.409. Tous les États ont repoussé la demande.

13° Votation du 4 novembre 1894 (initiative sur la répartition
du produit des douanes). Acceptants 145.462. Rejetants 350.639.
Majorité en faveur du rejet 205.177. États acceptants 8, 1 par
moitié. Rejetants 13, 1 par moitié.

14° Votation du 29 septembre 1895 sur un projet d'article constitutionnel introduisant le monopole des allumettes dans la
confédération. Adoptants 140.000. Rejetants 183.000. Majorité
en faveur du rejet 43.000. États acceptants 7, 1 par moitié.
Rejetants 14, 1 par moitié.

15° Votation du 3 novembre 1895 sur la revision des articles 18
à 23 de la constitution fédérale (articles militaires). Acceptants 194.814. Rejetants 271.016. Majorité en faveur du rejet
76,202 États acceptants 4, 1 par moitié. Rejetants 17, 1 par
moitié.

SECTION 2^e

Fonctionnement du Referendum dans la confédération au point de vue législatif.

Comme nous venons de le voir, dans la confédération,
au point de vue constitutionnel, le Referendum est obligatoire : au point de vue législatif, le Referendum dans la
confédération n'est jamais obligatoire ; il est simplement
facultatif, c'est-à-dire que pendant un délai déterminé
certaines lois peuvent être soumises au Referendum quand
un nombre suffisant d'électeurs le demandent. Passé ce
délai, si la demande de Referendum ne s'est pas produite,
ces lois sont parfaites et entrent alors en vigueur : tandis
qu'avec le Referendum obligatoire la loi qui y est soumise
n'est parfaite que lorsqu'il a eu lieu. Jusqu'alors elle est
incomplète et ne peut pas être mise à exécution.

En effet, aux termes des articles 89 et 90 de la constitution de 1874, « les lois fédérales, les décrets et les arrêtés
fédéraux ne peuvent être rendus qu'avec l'accord des deux
conseils. Les lois fédérales sont soumises à l'adoption ou
au rejet du peuple, si la demande en est faite par
30.000 citoyens actifs ou par 8 cantons. Il en est de même

des arrêtés fédéraux qui sont d'une portée générale et qui n'ont pas un caractère d'urgence. » « La législation fédérale déterminera les formes et les délais à observer pour les votations populaires ». Art. 91 (1).

Il résulte de ces textes, que toutes les mesures législatives prises par les deux chambres ne sont pas soumises au Referendum : il y a une distinction à faire entre les lois et les arrêtés.

Tandis que les lois votées par les deux chambres peuvent être soumises à la consultation populaire, parmi les arrêtés ne peuvent y être soumis que ceux qui ont une portée générale, ou bien qui ne présentent pas un caractère d'urgence.

Cette formule est en somme assez obscure, et on s'attendrait à en trouver l'explication ou, du moins, un développement qui l'éclaircisse, dans la constitution : cette attente est déçue, la constitution reste muette à cet égard. L'obscurité persiste donc : comment distinguera-t-on en effet la loi de l'arrêté fédéral, qui, tous deux, régissent des objets presque de même nature ? Et, s'il s'agit d'un arrêté, comment arrivera-t-on à déterminer qu'il a ou non une portée générale ? En fait, l'arbitraire le plus complet résulte de cette obscurité du texte constitutionnel.

Ce sont en effet les chambres qui décident elles-mêmes quelle mesure est une loi, et quelle autre est un arrêté, et quand cet arrêté a ou non une portée générale : il leur est ainsi loisible de soustraire bon nombre d'arrêtés au Referendum, sous prétexte qu'ils n'ont pas une portée générale, et notamment les arrêtés que les chambres supposent ne devoir pas être ratifiés par le vote populaire (2).

---

(1) La loi prévue par cet article est celle du 17 juin 1874 concernant les votations populaires sur les lois et arrêtés fédéraux, complétée par un règlement du conseil fédéral en date du 2 mai 1875.

(2) Ainsi, en 1890, un arrêté fédéral devait accorder l'amnistie aux émeutiers du Tessin : le conseil fédéral, qui l'avait rendu, voulait le soustraire au Referendum en prétendant qu'il n'avait pas une portée

Les chambres décident de même, à la majorité, si un arrêté a ou non un caractère d'urgence, et, sous ce pretexte d'urgence, elles sont arrivées à soustraire encore nombre d'arrêtés à la ratification du peuple.

En somme l'arbitraire règne ici, et les chambres, profitant de l'obscurité des textes, savent parfaitement enlever au Referendum les décisions qu'elles veulent voir passer définitivement, et pour lesquelles elles redoutent l'épreuve du vote populaire.

Indépendamment de ces moyens détournés et, en quelque sorte, frauduleux, par une pratique constante on a toujours, depuis 1874, dispensé et, avec raison à notre avis, du Referendum les actes suivants :

1° Les traités négociés avec l'Etranger. Les questions de politique extérieure étant très délicates, et le plus souvent entourées de négociations secrètes, il serait imprudent de les soumettre au vote du peuple, car, pour arriver à ce résultat il faudrait exposer ces questions publiquement, ce qui n'est pas dans les habitudes de la diplomatie (1).

2° Les arrêtés rendus sur des cas concrets. Ce sont, la plupart du temps, des décisions judiciaires intéressant un trop petit nombre de personnes pour nécessiter une consultation générale de la population.

3° Le budget annuel. On a craint, en effet, que si on le soumettait au vote populaire, les services de l'Etat courent le risque, à un moment donné, de se trouver arrêtés par suite d'un refus de ratification.

générale, comme s'appliquant à un fait spécial, et prétendait imposer sa manière de voir aux chambres. — Cependant, en réalité, cet arrêté avait une portée générale, puisqu'il rétablissait à l'égard de tout le monde la condition juridique et civile des amnisties. Les chambres aussi n'osèrent pas entrer dans la voie indiquée par le conseil fédéral et rejetèrent l'arrêté.

(1) De plus, il faut le reconnaître, s'il en était autrement, aucun Etat ne voudrait traiter avec la Suisse, le peuple pouvant toujours ne pas ratifier des traités déjà acceptés par les chambres, ce qui serait fort grave et créerait une situation absolument instable au point de vue de la politique extérieure.

4° Les arrêtés fédéraux accordant des subventions pour les routes et canaux et pour la rectification des rivières, questions qui, prises séparément, n'intéressent qu'une partie déterminée de la population, et qu'en bonne logique, on ne peut soumettre à la population tout entière.

Toutes les autres lois ou arrêtés peuvent être soumis au Referendum facultatif, et ce de la manière suivante.

Les deux chambres se mettent d'abord d'accord pour établir un projet de loi : ce projet, une fois admis, est publié dans la feuille fédérale, envoyé aux gouvernements des cantons, qui le distribuent ensuite dans les communes: il est ainsi porté à la connaissance du public. C'est à partir du jour de cette publication dans les communes que court le délai de quatre-vingt-dix jours pendant lequel le Referendum peut être demandé.

Pour que le projet de loi puisse y être soumis, il faut que, dans ce délai de trois mois, 30.000 électeurs ou bien huit cantons en fassent la demande (1). Les cantons n'ont pas encore une seule fois fait usage de leur droit, et cela se comprend à cause de la procédure très compliquée dont une semblable demande est entourée (2). Le Referendum a toujours été demandé par le nombre d'électeurs suffisant, et même, le plus souvent, le chiffre de ceux qui le demandent est bien supérieur à 30.000 (3), ce qui indique clairement la faveur dont jouit le Referendum en Suisse, et ce qui pousse les électeurs à ne pas s'abstenir, lorsque le projet de loi sera présenté à leur acceptation.

---

(1) Ce nombre de huit cantons a été fixé pour empêcher aux cantons catholiques à eux seuls (ils sont au nombre de sept), de faire de l'obstruction systématique en demandant le Referendum pour toutes les mesures législatives.

(2) Pour les détails de cette procédure, voir l'ouvrage de M. Deploige, page 99.

(3) Ainsi, tout dernièrement, le Referendum sur la loi fédérale instituant l'assurance obligatoire contre la maladie et les accidents et l'assurance des citoyens appelés au service militaire a été demandé par plus de cent mille électeurs.

D'après la loi organisant ce Referendum facultatif, le citoyen qui demande le Referendum doit signer personnellement sa demande, et sa qualité d'électeur doit être certifiée par l'autorité de la commune où il exerce ses droits électoraux ; cette disposition empêche aux électeurs de signer pour d'autres, ce qui serait un moyen facile d'éluder la prescription de loi exigeant 30.000 signatures (1). La plupart du temps ces signatures sont recueillies par des agents spéciaux qui viennent les solliciter chez l'électeur même (2). — Pour les lois de parti et notamment pour toutes celles qui touchent aux questions religieuses, les 30.000 signatures sont facilement obtenues grâce à l'influence de la presse et des associations politiques ; c'est ainsi que le Referendum sur la loi concernant l'état civil et le mariage fut demandé par plus de 100.000 signatures. — Pour les lois au contraire qui présentent un caractère uniquement économique ou financier, les signatures arrivent moins nombreuses, et ce sont ceux qui sont directement intéressés par le projet de loi en question qui se chargent alors de recueillir les signatures en nombre nécessaire.

Les 30.000 signatures une fois recueillies sont envoyées au conseil fédéral qui vérifie leur authenticité et constate si les formalités légales ont été remplies ; si, à la suite de cette vérification, le nombre de 30.000 signatures n'est plus atteint, par suite de faux ou d'illégalités commises, le conseil déclare la loi ou l'arrêté exécutoire ; si au contraire,

(1) A ce sujet, on pourra voir dans l'ouvrage très documenté de M. Deploige, *le Referendum en Suisse*, la question de savoir si l'électeur doit signer de son nom, si les illettrés peuvent signer d'une croix, et si cette croix compte ou non comme une véritable signature. Voir Deploige, page 100.

(2) A ce propos, un politicien très remuant du canton de Berne. M. Durrenmatt, avait eu l'intention de fonder une société référendaire de 3.000 membres, s'engageant à fournir chacun dix signatures, ce qui permettait d'obtenir le Referendum pour toutes les lois et de faire ainsi du Referendum facultatif un véritable Referendum obligatoire. Cette tentative, d'ailleurs, n'a pas abouti.

le nombre requis de signatures existe, et si ces signatures ont été reconnues authentiques, le conseil fédéral fait parvenir le texte de la loi à la connaissance de tous les élec-.teurs, et fixe à quatre semaines, après cette publication, la votation populaire sur le projet de loi.

Tous les citoyens suisses jouissant du droit de vote sont alors appelés à répondre à la question suivante : « Voulez-vous accepter la loi ou l'arrêté concernant (ici le titre de la loi ou de l'arrêté) » et ils répondent par *oui* ou *non*. Les réponses des électeurs sont recueillies par les autorités cantonales et centralisées à Berne où le conseil fédéral procède au dépouillement et proclame les résultats, qu'il fait insérer dans la feuille fédérale.

Si, d'après le résultat du scrutin, ce sont les *oui* qui sont en majorité, le conseil fédéral fait publier la loi dans le *Recueil officiel des lois*, et la loi, ratifiée par le vote populaire, entre aussitôt en exécution. Si au contraire ce sont les *non* qui ont dominé, la loi ou l'arrêté, repoussé par le vote populaire, est considéré comme nul et non avenu.

On a critiqué souvent cette méthode de soumettre les lois au vote du peuple, en disant que les textes législatifs sont trop peu clairs pour être compris et appréciés par la masse, et en ajoutant que le peuple est obligé d'accepter ou de rejeter en bloc la mesure à lui présentée, et qu'on devrait lui accorder le droit d'amendement. Nous n'acceptons pas toutes ces critiques : si les textes législatifs sont obscurs, ce n'est pas au peuple qu'il faut s'en prendre, et s'il repousse les mesures à lui présentées pour ce motif, on ne peut pas lui en faire un reproche, car une législation obscure ne profite à personne, et ce dont on fait une critique au Referendum vient au contraire se tourner en sa faveur.

Le peuple, dit-on, ne comprendra pas la loi : et pourquoi ? Parce qu'elle n'est pas assez claire ; aussi, en sachant qu'une loi sera soumise au peuple, les législateurs s'efforceront de la simplifier et de la mettre à la portée du plus grand nombre, et le pays tout entier y gagnera.

Il est vrai qu'il est regrettable que le droit d'amendement n'existe pas et que, pour quelques articles mauvais, le peuple soit obligé de rejeter une loi bonne dans son ensemble, puisque, par son vote, il ne peut dire que oui ou non.

En théorie c'est très exact ; mais en pratique, en accordant le droit d'amendement, que de complications, de lenteurs et de frais pour arriver à une loi définitive ! De plus, ce droit d'amendement accordé suppose une éducation politique très développée chez la masse des électeurs, et, sans vouloir médire du peuple suisse à ce point de vue, il nous semble qu'il serait prématuré d'aller jusque-là.

Malgré ces critiques, le Referendum législatif au point de vue fédéral a produit dans l'ensemble des résultats heureux, ainsi qu'on en peut juger par le tableau suivant :

Liste des principales votations fédérales
ayant eu lieu depuis 1874 en matière législative, à la suite de demandes de Referendum.

1° Votation du 23 mai 1875, sur la loi fédérale concernant le droit de vote des citoyens suisses. Acceptants 202.583. Rejetants 207.263.

2° Votation du 23 mai 1875, sur la loi fédérale concernant l'état civil et le mariage. Acceptants 213.199. Rejetants 205.069.

3° Votation du 23 avril 1876, sur l'arrêté fédéral relatif à une loi fédérale sur les billets de banque. Acceptants 120.068. Rejetants 193.253.

4° Votation du 9 juillet 1876, sur l'arrêté fédéral concernant une loi fédérale relative à la taxe d'exemption du service militaire. Acceptants 156.157. Rejetants 184.894.

5° Votation du 21 octobre 1877, sur la loi fédérale concernant le travail dans les fabriques. Acceptants 181.204. Rejetants 170.857.

6° Votation du 21 octobre 1877, sur l'arrêté fédéral concernant une loi fédérale sur la taxe d'exemption du service militaire. Acceptants 170.223. Rejetants 181.383.

7° Votation du 21 octobre 1877, sur l'arrêté fédéral relatif à une loi fédérale sur les droits politiques. Acceptants 131.557. Rejetants 213.230.

8° Votation du 19 janvier 1879, sur la loi fédérale accordant des subventions aux chemins de fer des Alpes. Acceptants 287.731. Rejetants 115.571.

9° Votation du 30 juillet 1882, sur l'arrêté fédéral relatif à une loi fédérale, concernant les mesures à prendre contre les épidémies. Acceptants 68.027. Rejetants 254.340.

10° Votation du 26 novembre 1882, sur l'arrêté fédéral concernant l'exécution de l'article 27 de la constitution fédérale du 14 juin 1882 relatif à la neutralité scolaire. Acceptants 172.010. Rejetants 318.139.

11° Votation du 11 mai 1884, sur l'arrêté fédéral concernant une loi fédérale relative à l'organisation du département fédéral de justice et de police. Acceptants 149.729. Rejetants 214.916.

12° Votation du 11 mai 1884, sur l'arrêté fédéral relatif aux taxes de patente des voyageurs de commerce. Acceptants 174.195. Rejetants 189.550.

13° Votation du 11 mai 1884, sur l'arrêté fédéral relatif à une subvention supplémentaire à la légation suisse de Washington. Acceptants 137.824. Rejetants 219.718.

14° Votation du 11 mai 1884, sur l'arrêté fédéral relatif à l'adjonction d'un article au code pénal fédéral du 4 février 1853. Acceptants 159.068. Rejetants 202.773.

15° Votation du 15 mai 1887, sur la loi fédérale concernant les spiritueux. Acceptants 267.122. Rejetants 138.496.

16° Votation du 17 novembre 1889 sur la loi fédérale concernant les poursuites pour dettes et la faillite. Acceptants 244.317. Rejetants 217.921.

17° Votation du 15 mars 1891, sur l'arrêté fédéral relatif à une loi fédérale concernant les fonctionnaires et employés fédéraux devenus incapables de remplir leurs fonctions. Acceptants 91.851. Rejetants 353.977.

18° Votation du 18 octobre 1891, sur la loi fédérale concernant le tarif des douanes. Acceptants 220.004. Rejetants 158.934.

19° Votation du 6 décembre 1891, sur l'arrêté fédéral concernant l'achat du chemin de fer central suisse. Acceptants 130.729. Rejetants 289.406.

20° Votation du 3 février 1895, sur la loi fédérale concernant la représentation de la Suisse à l'étranger. Acceptants 124.517. Rejetants 177.991.

21° Votation du 28 février 1897, sur la loi fédérale créant une banque d'état. Acceptants 192.831. Rejetants 251.840.

22° Votation du 21 février 1898, sur la loi fédérale autorisant le rachat des chemins de fer suisses par la confédération. Acceptants 384.000. Rejetants 176.000.

23° Votation du 20 mai 1900, sur la loi fédérale instituant l'assurance obligatoire contre la maladie et les accidents, et l'assurance des citoyens appelés au service militaire. Acceptants 145.000. Rejetants 340.000.

Par l'examen de ces votations, le Referendum se montre à nous jalousement économe des deniers publics, peut-être même un peu trop ; mais peut-on sérieusement lui faire un reproche de sa grande économie, quand on la compare avec la facilité, par trop grande, avec laquelle les chambres de représentants accordent, au détriment des finances de l'Etat, des faveurs pécuniaires toujours de plus en plus nombreuses, et spécialement aux approches du renouvellement de leur mandat ?

Aussi, redoutant, à cet égard, les décisions du Referendum, les chambres suisses cherchent, par des artifices habiles, à soustraire à la votation populaire les subventions qu'elles accordent à tels ou tels cantons, à telles ou telles communes (1).

Le Referendum ne leur permet pas de disposer, à la légère, des finances de l'Etat ; il a notamment refusé un arrêté fédéral augmentant le traitement de la légation de

(1) C'est ainsi qu'en prétextant l'urgence, les chambres suisses ont soustrait au Referendum un arrêté fédéral fournissant des secours à un canton qui s'était gravement endetté par suite d'une construction de chemin de fer.

la république helvétique à Washington, ainsi qu'en 1895 il a repoussé un arrêté augmentant le traitement des représentants de la Suisse à l'étranger. Peut-être peut-on lui reprocher d'être allé trop loin dans cette voie et de s'être montré quelque peu dur, en rejetant, comme il l'a fait en 1891, à une écrasante majorité, l'arrêté fédéral qui établissait une retraite au profit des anciens fonctionnaires fédéraux.

Guidés par le même esprit d'économie et redoutant, à bon droit, le développement continu du fonctionnarisme, source d'appauvrissement financier et de déperdition d'énergie pour les peuples qui le pratiquent trop, le Referendum se montre, le plus souvent, hostile aux monopoles de l'Etat ; c'est ainsi qu'il a repoussé en 1891, le monopole des allumettes et le rachat des chemins de fer par la confédération ; cependant, sur ce dernier point, il a changé d'avis depuis 1891, puisqu'il vient, tout dernièrement, en 1898, comme nous l'avons vu plus haut, de le sanctionner à une très forte majorité.

Ce dernier vote semble venir contredire notre appréciation sur les tendances économiques du Referendum ; mais ce n'est qu'en apparence que la contradiction existe.

Si l'on regarde au fond des choses, c'est certainement l'esprit d'économie qui a déterminé un nombre aussi considérable d'électeurs à voter en faveur du rachat des chemins de fer par la confédération ; car on a fait miroiter aux yeux du peuple, pour le décider à voter dans ce sens, un abaissement important dans les prix de transport.

Le Referendum a toujours témoigné de son vif amour pour le fédéralisme, grâce auquel la Suisse a pu se développer d'une façon aussi merveilleuse ; mais il est beaucoup plus cantonaliste que centralisateur ; c'est ainsi qu'il a rejeté une loi d'après laquelle il n'appartiendrait plus aux cantons de déterminer quand un citoyen suisse est électeur ou non, et qui conférait le soin de cette détermination aux autorités fédérales. Il a rendu aux cantons le droit de rétablir chez eux la peine de mort, et, comme nous l'avons vu en étudiant le Referendum constitutionnel, il a rejeté à une grande majorité une loi de centralisation militaire.

Le vote de 1898, relatif au rachat des chemins de fer par la confédération, est cependant en contradiction avec cette manière de voir, car il prépare le triomphe du centralisme, en mettant aux mains de la confédération une administration d'au moins 40.000 employés ; nous ferons remarquer toutefois, qu'indépendamment de la question d'abaissement de tarifs signalée plus haut, ce vote de 1898 a été dicté aussi par une idée patriotique. Et, en effet, les compagnies actuelles de chemins de fer suisses sont peu à peu tombées aux mains des financiers allemands, et les Suisses n'ont pas voulu supporter plus longtemps que des étrangers, uniquement préoccupés d'augmenter les dividendes, devinssent, en Suisse, maîtres de toutes les voies de transport, et plutôt que de voir ce résultat se produire, ils ont préféré donner ces chemins de fer à la confédération.

On peut féliciter le Referendum d'avoir fait preuve d'un esprit véritablement libéral et d'avoir préservé la Suisse du malheur d'une guerre religieuse, en rejetant, à une énorme majorité, un arrêté fédéral de 1882, voté par les chambres, grâce à la pression du parti radical, et qui faisait entrer la Suisse dans la voie irritante des querelles religieuses (1).

D'après la constitution de 1874, en effet, les cantons pourvoient à l'instruction primaire, qui est laïque et gratuite, les écoles publiques devant pouvoir être fréquentées

---

(1) A ce sujet, nous ferons observer que le peuple se laisse moins facilement entraîner que ses représentants, le plus souvent guidés, il est vrai, par de mesquines considérations de coterie, plutôt que par leurs véritables sentiments personnels, dans la voie des mesures antilibérales.

par les adhérents de toutes les confessions religieuses, sans qu'ils aient à souffrir dans la liberté de leurs croyances. Malgré cette disposition constitutionnelle, les cantons avaient maintenu un enseignement confessionnel, car, dans la plupart d'entre eux, les habitants professent la même religion. Le parti radical fit alors voter par les chambres un arrêté fédéral ordonnant une enquête sur l'application du principe de la laïcité dans les écoles, et instituant un secrétaire fédéral de l'instruction publique.

L'enquête devait établir que la laïcité n'était pas observée partout, et aboutir nécessairement à la confection d'une loi fédérale nouvelle prescrivant une neutralité absolue avec des mesures très sévères contre les ministres des divers cultes qui n'observeraient pas rigoureusement la loi nouvelle ; c'était allumer un brandon de discorde et chercher à faire régner partout le régime de la délation ; aussi, un vif mouvement se produisit-il dans la Suisse, et jamais une demande de Referendum ne recueillit un nombre aussi considérable d'adhérents.

Plus de 180.000 signatures le demandèrent en effet, et l'arrêté fédéral en question fut rejeté à une très forte. majorité (1), ce qui évita à la Suisse le danger d'assister au désolant spectacle qu'offrent dans tous les pays les luttes religieuses.

Il est malheureusement à regretter que dans ces dernières années le Referendum n'ait pas persisté dans cet esprit de modération et de tolérance. Il y a manqué en 1893, en introduisant dans la constitution un article qui, comme nous l'avons fait remarquer plus haut en étudiant le Referendum constitutionnel dans la confédération, a un caractère d'intolérance accentué (2).

(1) Il fut en effet rejeté par 318.739 suffrages, tandis que 172.010 voix seulement s'étaient prononcées en faveur de son adoption.

(2) L'article dont nous parlons ici est celui qui prohibe formellement l'abattage des animaux de boucherie d'après le mode prescrit par le rite israélite.

Mais, en général, au point de vue législatif, le Referendum a donné en Suisse d'heureux résultats, et ce qui vient à l'appui de cette observation, c'est que les hommes politiques qui, à l'origine, regrettaient vivement son introduction dans le domaine législatif, frappés par les preuves de sagesse et de modération qu'il a le plus souvent données, ont modifié leur manière de voir et, s'ils ne chantent pas encore les louanges du Referendum, ils cessent du moins de le couvrir de reproches (1).

Nous croyons, pour notre part, qu'il faut attrbiuer ces heureux résultats autant à la situation spéciale du peuple suisse qu'au Referendum lui-même ; car, il faut bien le dire, le peuple suisse est de beaucoup celui dont l'éducation politique est la plus développée, par suite du goût très vif qu'il a toujours eu pour l'administration des affaires publiques et de la longue habitude qu'il a eu, dans presque toutes les communes, de se consacrer à cette administration. C'est pourquoi chez lui le Referendum ne peut pas être regardé, ainsi que dans les autres nations, comme un instrument dangereux confié à des mains inexpérimentées.

Tel est à l'heure actuelle le fonctionnement du Referendum dans la confédération au double point de vue constitutionnel et législatif.

---

(1) Ainsi, dans la dernière votation du 20 mai 1900, le peuple suisse a rejeté à une énorme majorité la loi fédérale instituant l'assurance obligatoire contre les accidents et la maladie, et celle des citoyens appelés au service militaire. Cette loi cependant avait été adoptée à l'unanimité par le conseil des Etats et par 113 voix contre une et douze abstentions par le conseil national. Se défiant à bon droit de ce nouveau monopole, qu'il sentait devoir être fort coûteux et nécessiter la création de nombreux fonctionnaires, le peuple suisse, par ce dernier Referendum, s'est déclaré nettement l'ennemi de la centralisation à outrance et du socialisme d'Etat.

Section 3ᵐᵉ.

Différence entre le Referendum constitutionnel et le Referendum législatif dans la confédération.

On constate entre ces deux Referendums des différences qu'il est bon de noter ici.

Obligatoire, en effet, au point de vue constitutionnel, le Referendum n'est que facultatif au point de vue législatif.

La même majorité n'est pas exigée dans les deux cas ; tandis qu'au point de vue constitutionnel il faut en effet la majorité des électeurs et des cantons pour l'adoption des mesures présentées, au point de vue législatif la majorité des électeurs est seule exigée. Cette double majorité n'est pas exigée au point de vue législatif, parce qu'on a considéré comme moins grave le vote à ce point de vue qu'au point de vue constitutionnel et qu'on exige moins de garanties de l'assentiment du peuple pour une simple mesure législative que pour un pacte constitutionnel, qu'on peut plus difficilement modifier.

Dans le même ordre d'idées, on se montre moins exigeant pour le nombre de signatures requis pour mettre les deux Referendums en mouvement. Nous avons vu plus haut que le peuple suisse a le droit de demander la revision totale de la constitution fédérale (1), pourvu que cette demande émane d'un nombre déterminé d'électeurs, et tandis que, pour mettre le Referendum législatif en mouvement, il suffit de 30.000 signatures, une demande de revision totale ou partielle de la constitution doit, pour être recevable, être revêtue de 50.000 signatures.

Telles sont les différences qu'il nous a paru bon de faire remarquer entre ces deux Referendums.

Le Referendum n'existe pas seulement dans la confédération, mais aussi dans les cantons, au double point de vue constitutionnel et législatif. C'est ce que nous allons rapidement étudier maintenant.

---

(1) Depuis la revision constitutionnelle de 1891, le peuple a conquis le droit d'initiative pour la revision partielle de la constitution.

CHAPITRE II

Le Referendum dans les cantons.

SECTION Ire.

Le Referendum constitutionnel dans les cantons.

« Les cantons sont tenus de demander à la confédération la garantie de leurs constitutions. Cette garantie est accordée pourvu que ces constitutions aient été acceptées par le peuple et qu'elles puissent être revisées lorsque la majorité absolue des citoyens le demande. » (1)

Il ressort de cette disposition que les constitutions de tous les cantons ne deviennent obligatoires qu'après avoir été acceptéees par le peuple, qui est libre aujourd'hui d'en demander la modification, quand la majorité des citoyens est de cet avis, et ce à n'importe quelle époque.

Avant 1848, il n'en était pas ainsi et la modification de la constitution ne pouvait être demandée qu'après un certain laps de temps, pendant lequel elle était immuable et soumise à ce qu'on pourrait appeler « un essai loyal ». Ce délai expiré, le peuple était consulté pour savoir s'il fallait ou non modifier la constitution. On voit encore aujourd'hui un vestige de cette ancienne pratique dans la constitution du canton de Genève, qui décide que, tous les quinze ans, la question de revision totale de la constitution sera posée au corps électoral.

A part cette unique exception, toutes les constitutions cantonales sont aujourd'hui revisables *ad nutum;* c'est même, à notre avis, pour le peuple suisse une faculté dangereuse ; on abuse en Suisse de cette faculté de reviser ;

(1) Article 6 de la constitution fédérale de 1847.

il y a même des revisions constitutionnelles qu'on peut qualifier de revisions personnelles, faites uniquement dans le but de renverser ceux qui sont au pouvoir.

Par exemple, il y a eu des revisions tendant à changer le mode de nomination du pouvoir exécutif ; si de semblables revisions sont adoptées par le peuple, et qu'en conséquence le mode de nomination du pouvoir exécutif soit changé, les membres qui composent le pouvoir exécutif sont obligés de donner leur démission ; ainsi apparaît le but véritable de ces revisions ; c'est absolument regrettable, autant que la déplorable multiplicité de semblables consultations populaires.

Les constitutions cantonales se trouvent presque toutes avoir ainsi une existence des plus éphémères, et quinze années semblent un maximum de vie qu'elles ne peuvent arriver à dépasser ; or, ce n'est pas en un tel espace de temps qu'on peut sainement apprécier la valeur d'une constitution.

La revision peut être totale ou partielle, mais, dans les deux cas, elle est toujours soumise à la sanction populaire ; quand elle est totale, le vote a lieu en bloc, le projet de revision formant un tout indivisible ; quand elle est partielle, le vote a lieu par chapitre et le peuple peut accepter les uns et rejeter les autres, la connexité n'existant pas nécessairement entre les chapitres.

Que la revision soit totale ou partielle, elle doit être demandée par un nombre déterminé d'électeurs, variable suivant la population des cantons (1). Elle peut l'être également par l'assemblée législative du canton, mais en cas de revision totale on pose toujours au peuple la question de savoir s'il veut reviser.

La revision, une fois décidée en principe, n'est pas faite

(1) Il faut, par exemple, 1.000 signatures la demandant à Bâle-Ville, Schaffhouse, Zug, 1.500 à Bâle-Campagne, 3.000 à Neuchâtel, Soleure, 8.000 à Berne et 10.000 à St-Gall.

dans tous les cantons de la même manière : dans les uns, c'est l'assemblée législative du canton en fonction au moment où la revision est demandée, qui rédige le projet de la nouvelle constitution ; dans d'autres cantons, le peuple nomme une assemblée spéciale, uniquement chargée de rédiger ce projet ; dans certains cantons enfin, on demande au peuple s'il veut que la revision soit faite par l'assemblée législative alors en fonctions, ou bien par une assemblée constituante nouvelle. (Dans ces cantons, s'il s'agit seulement d'une revision partielle de la constitution, c'est l'assemblée législative alors en fonctions qui en dresse le projet.)

Le projet de revision, une fois rédigé, est soumis à la sanction populaire, et la nouvelle constitution ne devient obligatoire et ne peut être mise en vigueur qu'après avoir été acceptée par le vote populaire. Si le projet de revision présenté au peuple est rejeté par lui, deux hypothèses sont à examiner :

1° Si la revision de la constitution cantonale a été demandée sur l'initiative de l'assemblée législative du canton, l'ancienne constitution est maintenue, le peuple ayant rejeté la nouvelle constitution à lui soumise ;

2° Si, au contraire, la revision a été demandée par le peuple, et qu'il ait repoussé le projet à lui soumis, on lui représente un deuxième projet ; s'il le rejette également, dans certains cantons, en présence de ces votes contradictoires, on admet que le peuple renonce à l'idée de reviser et on maintient en vigueur l'ancienne constitution ; dans d'autres cantons, on admet que, malgré ces deux rejets successifs, un nouveau projet de constitution doit être soumis au peuple, et alors, ou bien on procède à l'élection d'une assemblée nouvelle pour l'élaborer, ou bien on demande au peuple de déclarer s'il veut que le nouveau projet de constitution soit fait par l'ancienne assemblée en fonction, ou par une nouvelle assemblée.

Il semble que cette procédure, évidemment compliquée, aurait dû rendre très rares les revisions des constitutions cantonales : il n'en est rien ; malgré toutes ces difficultés, on a abusé des revisions de la constitution dans les cantons, et il faut espérer que le bon sens du peuple suisse saura fixer de sages limites à cette facilité de reviser leurs constitutions, accordée dans une trop large mesure aux cantons par la constitution fédérale.

Section 2me

Le Referendum législatif dans les cantons.

Les cantons suisses n'ont qu'une seule chambre ; le Grand Conseil, qui possède à elle seule tout le pouvoir législatif, sauf, bien entendu, dans les cantons où subsistent encore les Landsgemeinde.

Le Grand Conseil a même entre les mains la plus grande partie du pouvoir exécutif, puisque c'est lui qui nomme les membres formant le pouvoir exécutif du canton et la plupart des fonctionnaires, et, de plus, on peut toujours en appeler à lui des décisions prises par le pouvoir exécutif.

Le Grand Conseil, dans les cantons, devenait ainsi une véritable convention au petit pied : il fallait donner un contrepoids à son omnipotence; ce contrepoids fut le Referendum qui existait, comme nous l'avons vu précédemment, depuis fort longtemps dans le Valais et les Grisons.

Aussi aujourd'hui, à part le seul canton de Fribourg, qui a conservé le gouvernement représentatif pur, tous les cantons suisses ont admis dans leurs constitutions le Referendum législatif, sauf toujours les cantons à Landsgemeinde, où le Referendum serait absolument inutile, puisqu'ils pratiquent le gouvernement direct pur.

Mais le nombre de ces cantons tend à s'abaisser de plus

en plus, par suite de l'accroissement de la population, qui rend à peu près impraticables la convocation des assemblées populaires et la discussion des lois dans ces assemblées. C'est ainsi que les cantons de Schwytz et de Zug ont dû renoncer à la pratique des Landsgemeinde.

Aujourd'hui, ces assemblées populaires ne sont plus pratiquées que dans les cantons d'Uri, de Glaris, d'Appenzell et dans les deux cantons d'Unterwalden.

En étudiant le Referendum législatif dans les cantons, une distinction capitale s'impose tout d'abord entre deux groupes de cantons : dans les premiers, les lois, ou du moins un certain nombre d'entre elles, n'entrent en vigueur et ne peuvent être mises à exécution qu'après avoir été expressément ratifiées par le peuple ; c'est le Referendum obligatoire, dans lequel la sanction du peuple est toujours donnée expressément. Ce Referendum a lieu *ipso jure*, et on ne pourrait l'empêcher qu'en violant la Constitution.

Dans le second groupe de cantons, au contraire, le peuple n'est consulté sur les lois que lorqu'un nombre déterminé d'électeurs le demande ; c'est le Referendum facultatif, dans lequel la sanction du peuple est tantôt expresse, tantôt tacite, lorsque, dans le délai voulu, aucune demande régulière de Referendum n'est formée sur une loi nouvelle ou sur une modification à une loi existante.

Le Referendum obligatoire (1) ne s'étend pas à toutes les mesures législatives ; on peut dire, d'une manière générale, que toutes les lois et certains arrêtés, notamment tous ceux qui ont trait à des mesures financières, y sont soumis. On y soumet également les traités que les cantons

---

(1) Ce Referendum est pratiqué dans les cantons dont les noms suivent : Zurich, Berne, Schwytz, Soleure, Bâle-Campagne, Argovie, Thurgovie, les Grisons et le Valais, où le Referendum obligatoire n'existe qu'en matière financière.

peuvent conclure entre eux et même avec l'Etranger, dans les limites fixées par la constitution fédérale (1).

Dans le Valais, cependant, on ne soumet à la votation populaire que les mesures législatives entraînant une dépense de 60.000 francs, que les recettes ordinaires du budget ne permettent pas de couvrir (2) ; le côté financier du Referendum apparaît ici nettement.

Partout ailleurs, dans les cantons cités plus haut, toutes les lois ordinaires rendues par le Grand Conseil sont soumises au vote populaire ; quant aux arrêtés, les uns sont soumis au Referendum, les autres y sont soustraits ; on se trouve donc ici en présence de la même difficulté que dans la confédération, difficulté sur laquelle nous nous sommes étendus plus haut.

Comment distinguer la loi de l'arrêté, l'arrêté que l'on doit soumettre au Referendum de celui qui ne doit pas y être soumis ? Plus heureux que la confédération, certains cantons ont tranché la difficulté (3) et, dans une loi, ont dressé une liste limitative des arrêtés qui sont soustraits au Referendum ; parmi ces arrêtés figure celui qui fixe le budget annuel, qu'on a été obligé d'enlever à la sanction populaire, bien qu'il constitue une mesure financière au premier chef, mais pour éviter des difficultés très graves, comme le démontre l'histoire du canton de Berne.

D'après la constitution de ce canton, en effet, la loi qui déterminait les matières soumises au Referendum obligatoire, y avait placé le budget, qui devait, il est vrai, être dressé pour quatre ans. Le peuple, consulté, repoussa le budget à plusieurs reprises ce qui mettait le gouverne-

(1) Les cantons ont, en effet, conservé le droit de conclure des traités avec les Etats étrangers, sur des objets relatifs à l'économie publique, aux rapports de voisinage et de police.

(2) Cette éventualité se produit fort rarement d'ailleurs, le Grand Conseil, pour éviter le Referendum, s'arrangeant le plus souvent pour que les dépenses ne s'élèvent pas à ce taux de 60.000 francs.

(3) Il est vrai que la tâche leur était plus aisée, leur domaine législatif étant bien moins vaste que celui de la Confédération.

ment du canton de Berne dans le plus grand embarras, et risquait de compromettre définitivement les services publics.

Par une tactique fort habile, le gouvernement de Berne mit fin à cette déplorable situation. Spéculant, à bon droit, sur l'esprit d'économie, qu'il connaissait bien, de ses administrés, il soumit au vote populaire une loi supprimant différents emplois non indispensables et pourtant assez fortement rétribués, et, dans cette loi, il glissa un article supprimant l'obligation du Referendum pour le vote du budget.

Grâce à ce stratagème, et la division n'existant pas pour le vote sur les mesures législatives soumises au Referendum, la loi passa et, depuis, le budget n'est soumis nulle part à la ratification populaire, sauf, toutefois, lorsqu'il contient un emprunt, un impôt nouveau ou une aggravation d'un impôt déjà existant.

Le Referendum obligatoire s'exerce de la manière suivante : lorsque la mesure législative qui doit y être soumise a été discutée au Grand Conseil, et qu'elle forme un projet de loi ou d'arrêté, le Grand Conseil la transmet au pouvoir exécutif du canton. Ce dernier choisit alors une commission chargée de faire un message explicatif sur la loi nouvelle, qu'elle doit envoyer, au plus tard, trente jours avant le vote populaire.

Ce message est généralement très court, pour que les électeurs le lisent ; il recommande aux électeurs l'adoption du projet de loi ; cela se comprend, car ce message émane, en somme, du pouvoir exécutif, qui a nommé la commission rédactrice, et le pouvoir exécutif lui-même est nommé par le Grand Conseil, rédacteur du projet de loi soumis à la sanction populaire (1).

(1) Quand le pouvoir exécutif est élu directement par le peuple, et non par le Grand Conseil, comme cela se produit dans le canton de Thurgovie, par exemple, le message explicatif peut alors conseiller le rejet du projet de loi : ce n'est plus alors illogique ; en fait, c'est assez rare.

Il n'y a pas ensuite de délibération des électeurs préalable au vote, ce qui constitue une lacune regrettable; cette discussion préliminaire étant un des meilleurs moyens d'éclairer l'électeur sur les inconvénients ou les avantages de la mesure nouvelle à lui soumise.

Puis le vote a lieu en bloc, sauf dans les cantons de Zurich et d'Argovie, où la constitution cantonale autorise le vote divisé, et la loi ou l'arrêté sont alors définitivement acceptés ou rejetés.

Pour ne pas déranger trop souvent les électeurs, ce qui les conduirait fatalement à l'abstention, on les réunit deux fois par an pour voter sur les lois qui leur sont toutes alors présentées : malgré cela, les abstentions sont encore nombreuses, et, pour y porter remède, certains cantons ont établi que le vote était obligatoire, sous peine d'amende d'abord, et, en cas de récidive dans l'abstention, sous peine de déchéance des droits politiques.

Ce Referendum obligatoire ne nous paraît pas heureux: il contraint trop souvent les électeurs à voter, ce qui fatalement doit entraîner la déplorable habitude de l'abstention (1); de plus, un grand nombre de mesures législatives étant en même temps soumises au peuple, il arrive le plus souvent qu'il ne connaît pas ou connaît à peine les lois qui lui sont présentées, et les accepte ou les rejette un peu au hasard, ce qui enlève au Referendum un de ses grands avantages, celui de faire véritablement contrôler par le peuple l'œuvre de ses représentants.

Ces inconvénients ne se rencontrent pas avec le Referendum facultatif.

Le Referendum facultatif est pratiqué dans les cantons suivants : Lucerne, Zug, Schaffhouse, Saint-Gall, Vaud, Neuchâtel, Genève, Bâle-Ville et le Tessin.

---

(1) Le fait s'est produit souvent, puisque c'est précisément pour le combattre que certains cantons ont proclamé le vote obligatoire sous des peines sévères.

Les traités passés avec les cantons voisins ou même avec les états étrangers sur les points que nous avons indiqués plus haut, les lois et arrêtés qui ont une portée générale, et qui ne présentent pas un caractère d'urgence, peuvent être soumis à ce Referendum. Il en est ainsi surtout en matière financière, où toute mesure entraînant un impôt supérieur à un certain chiffre, qui varie d'ailleurs d'après les cantons (1), peut être soumise à la ratification populaire. Par exception, et pour les motifs déjà indiqués plus haut, le budget ne peut pas être soumis à ce Referendum, sauf toutefois s'il contient un emprunt, un impôt nouveau, ou une aggravation d'un impôt déjà existant.

Voici comment fonctionne ce Referendum facultatif.

La loi, le traité ou l'arrêté qui peuvent y être soumis, après avoir été votés par le Grand Conseil sont publiés dans la feuille officielle du canton : à partir de la date de cette publication court un délai de trente jours (2) pendant lequel les électeurs du canton ont le droit de demander le Referendum sur la mesure en question, pourvu toutefois que leur demande réunisse un certain nombre de signatures, nombre qui varie d'après les cantons (3).

Sauf dans un canton, celui de Schaffhouse, il n'y a pas de discussion préparatoire sur le projet de loi pour éclairer le peuple. Quand les signatures ont été vérifiées. et reconnues régulières et suffisantes par les autorités cantonales, le vote populaire a lieu. — Il se fait *in globo*, c est-à-dire que le peuple accepte ou rejette en bloc la mesure qui lui est présentée. Cependant dans les cantons de Lucerne, de Zug et de Schaffhouse, le Grand Conseil a le

---

(1) Ce chiffre par exemple est fixé à 200.000 dans le canton de Lucerne, à 40.000 dans celui de Zug.

(2) Pendant ce délai, il est absolument sursis à l'exécution des lois ou arrêtés dont s'agit. Ce délai est porté à 40 jours dans le canton de Neuchâtel et à 43 jours dans celui de Bâle-Ville.

(3) Il en faut 500 à Zug, 1.000 à Schaffhouse, 3.000 à Neufchâtel. 3.500 à Genève, 4.000 à Saint-Gall, 5.000 à Lucerne, et 6.000 dans le canton de Vaud.

droit de diviser la loi et de soumettre séparement les diverses propositions qui la composent à la votation populaire.

La majorité des votants décide alors du refus ou de l'acceptation de la loi, sauf à Zug, où la loi n'est considérée comme rejetée que lorsque la majorité des électeurs inscrits a voté « non », les abstenants étant comptés dans ce canton comme favorables à l'adoption de la loi.

Indépendamment de ce Referendum qui émane de l'initiative des électeurs, il existe certains cantons où le Referendum facultatif peut être demandé par le Grand Conseil lui-même.

Cette nouvelle manière d'obtenir la sanction populaire n'est d'aucune utilité, quand elle provient de la majorité du Grand Conseil, car on peut facilement se rendre compte que jamais cette majorité ne demandera la ratification du peuple pour une mesure qu'elle saura devoir échouer devant lui. Cette manière de procéder est au contraire avantageuse quand elle émane de la minorité du Grand Conseil, car elle permet ainsi de faire repousser par le peuple des mesures qui ont pu n'être admises qu'à une faible majorité, grâce souvent à des coalitions de partis politique diamétralement opposés, mesures qu'il serait fâcheux de voir mettre à exécution, et que les députés qui les ont votées sont les premiers à regretter après leur adoption : ils trouvent ainsi par cette demande de Referendum, émanant de la minorité du Grand Conseil, un moyen habile de faire échouer une loi ou un arrêté qu'ils ont voté, mais qu'ils regrettent ensuite d'avoir voté, tout en ménageant leur amour-propre.

Ce Referendum facultatif nous paraît bien préférable au Referendum obligatoire : il est d'abord moins fréquent, et, partant, ne pousse pas les électeurs à l'abstention, puisqu'il les dérange moins souvent. Il porte de plus sur les mesures les plus importantes et présentant un intérêt réel pour le canton, et enfin la campagne faite pour recueillir le nombre de signatures nécessaires à sa mise en mouvement a mis forcément le corps électoral au courant de la question à lui soumise et lui permet ainsi d'émettre son vote en pleine connaissance de cause.

D'après les résultats des votations cantonales, on peut dire d'une manière générale que, dans les cantons comme dans la confédération, le Referendum a suivi à peu près la même ligne de conduite : il se montre le plus souvent modéré, tolérant, économe des deniers publics, parfois même un peu trop.

C'est ainsi qu'il a toujours refusé d'augmenter le traitement des fonctionnaires, de voter des subventions pour la construction de nouvelles écoles (notamment à Zurich pour la construction d'une école polytechnique), les écoles primaires seules trouvent grâce devant lui.

Mais, et on ne peut que lui adresser des éloges à ce sujet, si le Referendum se montre ainsi économe des deniers publics, il l'est également pour ceux des contribuables.

Il s'est toujours montré hostile à tout impôt nouveau. Ainsi, à Zurich, le peuple a rejeté un projet de loi grevant d'impôts les successions en ligne directe et entre époux, jusqu'alors indemnes, bien que, pour rendre ce projet de loi populaire, on eût inséré une clause dispensant de tout impôt les successions dont le montant se trouverait être inférieur à 5.000 francs, et cependant cet impôt était un des plus faciles à faire accepter par les électeurs, car il ne frappe personne au moment même où il est voté.

Dans les cantons où le Referendum est obligatoire, le mal de l'abstention, comme nous l'avons constaté plus haut, sévit avec une certaine violence, sauf pour les lois de parti et les lois fiscales, où le nombre des votants s'élève en général à la proportion très respectable de 80 o/o de celui des inscrits.

Mais pour les autres mesures législatives, le nombre des votants s'élève rarement au-dessus de 40 o/o de celui des inscrits, parfois même cette proportion s'abaisse jusqu'à 20 o/o, sauf toutefois dans le canton de Zurich, où le nombre des votants est presque toujours de 74 o/o de celui des inscrits; mais cette forte proportion de votants tient ici à une cause spéciale : dans ce canton, en effet, la plupart des communes ont fait du vote un devoir dont l'inexécution entraîne la condamnation à une amende. — Pour ce motif, d'une moralité politique peut-être peu élevée, mais d'une efficacité certaine, la proportion des votants dépasse ordinairement, dans ce canton, de 31 o/o celle des cantons où le vote obligatoire n'existe pas.

On peut constater également que les votants sont beaucoup plus nombreux pour les élections de députés que pour accepter ou rejeter les projets de loi, et cependant les premiers votes sont moins importants que les seconds, puisque avec le Referendum les députés ne font, en somme, que des projets de loi, et non des lois définitives. Mais les hommes politiques poussent les électeurs au scrutin, quand il s'agit de la nomination des députés, car ils préfèrent de beaucoup leurs succès électoraux au succès des projets de loi qu'ils ont présentés.

Dans les cantons de la Suisse française, le Referendum est beaucoup moins pratiqué que dans les autres : cela tient à la différence profonde qui existe entre les communes qui composent ces deux groupes de cantons.

Tandis, en effet que, les premières ont pratiqué et pratiquent encore le gouvernement représentatif, et ne participent à l'administration des affaires publiques que par le choix de leurs représentants, les deuxièmes ont depuis fort longtemps, dans des assemblées générales, contracté l'habitude de s'administrer par elles-mêmes, ont été, comme on l'a fort bien dit, à l'école primaire de la liberté, et voyant leur ambition s'élever en même temps que leur

éducation politique, elles ont voulu étendre leur compétence au domaine des affaires du canton. Aussi, dans ce
deuxième groupe de cantons le Referendum est-il obligatoire ou très fréquemment employé, quand il n'est que
facultatif ; dans le premier groupe, au contraire, qui comprend les cantons de la Suisse française, le Referendum
n'est jamais obligatoire ; il s'est introduit timidement sous
la forme facultative, et pour ainsi dire uniquement par
contagion, et encore y recourt-on très rarement.   ⃗

C'est ainsi que dans le canton de Genève, où le Referendum n'a fait son apparition qu'en 1877, il n'a été mis en
pratique que deux fois depuis cette époque, pour rejeter
un arrêté accordant une subvention à une compagnie de
chemin de fer, et une seconde fois pour accepter une loi
décrétant la construction d'un chemin de fer de Genève à
Annemasse.

A Neuchâtel, également depuis 1875, le Referendum
n'a fonctionné que deux fois : la première fois pour ratifier une loi autorisant une banque d'Etat, et la deuxième
fois pour rejeter une loi relative aux patentes des auberges,
rejet dû évidemment à l'influence électorale de ces commerçants, influence à laquelle, paraît-il, la Suisse n'échappe
pas non plus.

En terminant sur ce sujet, nous constaterons que, d'une
manière générale, les assemblées des cantons, spéculant
sur le manque de précision des textes, et, suivant d'ailleurs en cela l'exemple donné par les chambres fédérales
elles-mêmes, cherchent à soustraire au Referendum bon
nombre de lois ou d'arrêtés, en modifiant leur qualifica-
tion, déclarant, par exemple, arrêté ce qui est, en réalité,
une loi, ou en invoquant l'urgence.

Cette tendance à soustraire au Referendum nombre de
mesures qui devraient lui être soumises vient en prouver
l'utilité dans certains cas ; car, si on le redoute ainsi et
qu'on cherche à s'y soustraire à ce point, c'est qu'évidem-

ment il est capable de venir contrecarrer des mesures défavorables à l'intérêt du plus grand nombre, mesures votées néanmoins pour des considérations de parti beaucoup plus que pour des considérations d'intérêt général, et par des députés qui n'incarnent plus alors l'opinion de leurs électeurs.

Le Referendum s'est montré, en maintes circonstances, jaloux des droits des cantons, et il a contribué pour une grande part au maintien du fédéralisme, qui a permis à la Suisse de se développer d'une façon aussi merveilleuse.

Tel est, à l'heure actuelle, le fonctionnement du Referendum dans la confédération et dans les cantons.

Section 3me

Aperçu sur l'initiative populaire en Suisse.

Le Referendum a été complété en Suisse par une autre institution plus démocratique encore et qui nous apparaît comme une conséquence presque inévitable du Referendum. Nous voulons parler de l'initiative populaire.

Et, en effet, s'il y a lieu de légiférer sur une matière déterminée, la réforme de l'impôt par exemple, et que le peuple, consulté sur la nécessité de la réforme, s'y montre favorable, mais repousse les projets de réforme qu'on lui a présentés, en trouvant l'application contraire à ses intérêts, ce vote du peuple en faveur d'un principe, mais contre les modes d'application de ce même principe, n'aura-t-il donc aucun résultat, et n'aboutira-t-il qu'à maintenir le *statu quo* ?

Non, évidemment. — Pour donner au vote populaire une sanction positive, il faut permettre au peuple de dire nettement sa manière de voir, de proposer par lui-même un projet de loi : c'est l'initiative populaire qui apparaît ici, née du Referendum. Il convient donc d'en dire quelques mots, d'autant plus que l'initiative populaire se termine toujours par la mise en mouvement de l'institution qui fait l'objet de notre étude, toutes les mesures qui émanent d'elle étant nécessairement soumises au vote populaire.

L'initiative populaire touche de très près au gouvernement direct : c'est une très grande conquête faite par la démocratie, mais c'est en même temps une conquête dangereuse.

Sans aller jusqu'à voir, dans l'application de cette instition politique chez un peuple, la source des pires calamités, et sans la qualifier, comme on l'a fait, de « dynamite législative », nous reconnaissons que c'est une arme terrible mise aux mains de la multitude, et que bien rares sont les peuples capables de pouvoir la manier sans danger.

Elle exige, en effet, une forte éducation politique, un caractère modéré et ne se laissant pas dominer par les querelles de parti : à part le peuple suisse, qui possède à peu près ces qualités, et où, d'ailleurs, elle n'a pas donné toujours d'heureux résultats, nous ne voyons pas les bons effets qu'elle pourrait produire ailleurs et nous sommes loin d'en souhaiter la transplantation dans notre pays.

Le principe de l'initiative populaire existe en Suisse depuis fort longtemps, comme nous l'avons vu en décrivant les Landsgemeinde, où chaque citoyen pouvait autrefois faire une proposition de loi.

Mais l'organisation et le fonctionnement de l'initiative populaire sont beaucoup plus récents, et on peut même dire que c'est le dernier pas en avant fait par la démocratie en Suisse.

Le peuple pendant longtemps attacha fort peu d'importance à l'initiative populaire, parce qu'il confondait ce droit qu'on lui donnait avec celui de pétition, le plus souvent inutile.

Ces deux droits cependant diffèrent absolument : la pétition est une requête adressée à un pouvoir quelconque par n'importe quelle personne (1). Son domaine est illimité, et l'autorité à laquelle la pétition est adressée peut la rejeter, sans être même obligée d'en prendre connaissance.

La demande d'initiative populaire, au contraire, doit émaner d'un nombre déterminé de citoyens jouissant de leurs droits politiques ; elle a toujours pour objet une mesure législative, une loi nouvelle ou une loi ancienne à abroger ou à modifier, et l'autorité à laquelle cette demande est adressée doit nécessairement en prendre connaissance et la discuter.

Au point de vue juridique l'introduction de l'initiative populaire a eu une conséquence des plus importantes : avant elle, en effet, l'assemblée des représentants du peuple et le corps électoral ne pouvaient rien faire l'un sans l'autre, tandis que, depuis son introduction, le corps électoral peut légiférer, sans l'assemblée de ses représentants et même dans un sens opposé à celui de l'opinion de ses représentants.

C'est dans le canton de Saint-Gall que l'initiative populaire fut tout d'abord introduite, mais sans beaucoup de succès, par un des chefs du parti démocratique : Diog., de Rapperswyl. Pendant longtemps elle ne fit pas de progrès, mais le Referendum, en se développant dans la confédération et dans les cantons, lui fraya le chemin, et elle apparut alors comme le complément de cette institution.

Aussi, à l'heure actuelle, existe-t-elle dans tous les cantons au point de vue constitutionnel et dans presque tous au point de vue législatif (2).

Pour pouvoir l'exercer, il faut la signature d'un certain nombre d'électeurs. 1.000 signatures seulement sont exigées à Zug, tandis que le nombre des signatures exigées s'élève jusqu'à 12.000 dans le canton de Berne.

(1) Un citoyen étranger au pays, un femme même peuvent parfaitement faire des pétitions.
(2) Il n'y a d'exception qu'à Fribourg, Lucerne, Schwytz et dans le Valais.

L'initiative populaire porte sur une loi nouvelle à faire ou une loi ancienne à abroger. Elle peut se présenter de deux manières différentes ;

1° Sous la forme d'une proposition présentée en termes généraux.

2° Sous la forme d'un projet de loi tout rédigé. Il y a cependant certains cantons où cette deuxième forme d'initiative populaire n'est pas prévue.

Les demandes d'initiative sont adressées au Grand Conseil du canton. Si la demande est rédigée en termes généraux, trois systèmes se présentent pour y donner suite :

1°) Le Grand Conseil rédige le projet de loi réclamé par les signataires : c'est le système pratiqué à Schaffhouse et dans le canton de Thurgovie ;

2°) Avant de faire quoi que ce soit, on consulte le peuple pour savoir s'il est d'avis de donner suite au projet d'initiative en question ; s'il est de cet avis, le Grand Conseil alors rédige un projet de loi ; c'est le système suivi dans les cantons des Grisons et de Bâle-Campagne ;

3°) Dans les autres cantons, le Grand Conseil discute la demande qui émane de l'initiative populaire ; s'il approuve cette demande, il élabore un projet de loi sur la matière en question et il soumet ce projet au vote populaire ; s'il repousse au contraire la demande, il fait connaître son avis négatif au peuple en lui demandant s'il veut donner suite à l'initiative populaire. Si le peuple répond affirmativement dans cette hypothèse, le Grand Conseil est obligé de rédiger un projet de loi que, par avance, il a déclaré mauvais ou inopportun. Ce système est absolument déplorable, car le projet de loi, préparé dans ces circonstances par des gens qui y sont hostiles, sera forcément très mal rédigé.

Quel que soit d'ailleurs le système adopté, le nouveau projet de loi est toujours soumis au Referendum et ne devient loi exécutoire qu'après avoir été accepté par lui.

Si l'initiative populaire se présente sous la forme d'un projet de loi rédigé de toutes pièces, on le soumet au vote populaire, mais le Grand Conseil, dans ce cas, s'il désapprouve le fonds ou la forme du projet émané de l'initiative populaire, peut toujours élaborer un contre-projet qui sera également soumis au peuple, et même d'autres citoyens, pourvu qu'ils atteignent le nombre de signatures requis, peuvent également présenter un autre projet de loi.

Ainsi le vote populaire peut avoir à statuer et à choisir entre trois projets de loi ayant le même objet.

Comme nous venons de le voir, l'initiative populaire entraîne toujours le Referendum. Il en est de même dans la confédération où elle n'existe qu'au point de vue constitutionnel.

Depuis la constitution de 1874, 50.000 électeurs peuvent demander la revision totale de la constitution fédérale, et depuis la révision constitutionnelle de 1891, l'adoption ou l'abrogation de certains articles dans la constitution fédérale.

Cette initiative populaire en matière constitutionnelle peut se présenter également sous deux formes :

1º Sous la forme d'un projet conçu en termes généraux ou 2º sous la forme d'un projet rédigé de toutes pièces.

En étudiant plus haut le Referendum constitutionnel dans la confédération, nous avons vu les diverses éventualités qui peuvent alors se produire ; nous constaterons maintenant, en terminant, que cette initiative populaire en matière constitutionnelle entraîne indirectement avec elle l'initiative populaire en matière législative. Et, en effet, en proposant une revision constitutionnelle, le peuple peut parfaitement insérer au milieu de dispositions constitutionnelles des dispositions législatives nouvelles.

De plus, comment discerner les questions constitutionnelles des questions purement législatives ? Il n'y a pas là de critérium certain. Aussi, grâce à ce manque de démar-

7

cation précise, on constitutionnalise en quelque sorte des mesures qui ne sont que des lois ordinaires, et le peuple suisse, par ce moyen détourné, arrive à légiférer dans le domaine fédéral par voie de revision constitutionnelle (1).

Il y a trop peu de temps que l'initiative populaire fonctionne pour qu'on puisse la juger sainement. Mais, sans vouloir médire du peuple suisse, dont nous avons plus d'une fois reconnu les qualités et la modération politique, nous croyons que son éducation, au point de vue politique, n'est pas encore assez développée pour qu'il puisse sans danger se servir de cette arme redoutable qu'est l'initiative populaire, et qu'on a remise trop prématurément entre ses mains.

---

(1) C'est ainsi que, tout récemment, la réglementation de l'abattage des animaux de boucherie proscrivant l'abattage suivant le mode israélite a été rendue comme une mesure constitutionnelle, alors qu'en réalité cette mesure rentre absolument dans le domaine législatif pur.

CHAPITRE III

Le Referendum dans la commune Suisse.

Nous avons vu le fonctionnement du Referendum dans la confédération et dans les cantons ; nous avons assisté à son développement rapide et il nous a été donné souvent d'applaudir à sa modération et à sa sagesse ; c'est certainement à la longue habitude qu'ont eue les citoyens suisses dans l'intérieur même des communes de participer directement à l'administration des affaires publiques que sont dus ces heureux résultats. Aussi convient-il de dire quelques mots sur la pratique du Referendum dans la commune suisse.

La commune suisse a été de tout temps une association beaucoup plus étroite et beaucoup plus indépendante que dans les autres pays ; même à l'heure actuelle, le pouvoir central, en matière communale, n'intervient en Suisse que d'une manière très restreinte, et seulement pour protéger le patrimoine de la commune en cas de dilapidations et assurer l'application des lois générales.

Elle forme, pour ainsi dire, une individualité propre ; chaque commune semble avoir son cachet personnel, et ce serait une grave erreur de croire que, comme en France, la commune est en Suisse une simple division territoriale, partout semblable à elle-même, et présentant partout les mêmes caractères.

C'est la commune en Suisse qui détermine la nationalité, et l'on ne peut être citoyen suisse si l'on n'est pas inscrit sur les registres de bourgeoisie d'une commune ; on ne devient pas Suisse *jure soli*, mais uniquement par la possession des droits de bourgeoisie ; ces droits s'acquièrent par la filiation, pour les descendants de ceux qui en jouissent déjà, ou par le versement d'une somme déterminée fait à la commune (1), avec une redevance au canton (2). Ce droit de bourgeoisie est une prérogative si forte qu'aucun canton ne peut, sans son consentement, en priver un citoyen suisse, qu'il ne se perd pas par un changement de domicile et même par un séjour prolongé à l'étranger.

C'est ce qui fait la commune suisse si fortement organisée; ce qui explique la grande indépendance dont elle jouit à l'égard de l'Etat et la pratique du Referendum chez elle, où les habitants sont plus que partout ailleurs, attachés fermement à leur commune et plus aptes à discuter eux-mêmes sur les intérêts de la commune et à formuler les réglementations qui doivent lui être le plus favorables. La commune suisse est, en quelque sorte, un Etat dans l'Etat, et les cantons ne sont le plus souvent qu'une fédération de communes.

Jusqu'en 1789, les bourgeois seuls comptaient au point de vue politique, dans les communes. Les habitants, c'est-à-dire les non-bourgeois, même établis depuis trente ans dans la même commune, n'y exerçaient aucun droit politique.

La Révolution française de 1789, dont nous avons déjà constaté l'influence en Suisse, vint modifier cet état de choses; dans certains cantons, on créa alors deux communes, celle des habitants et celle des bourgeois.

La première comprenait à la fois et les habitants et les

(1) Dans laquelle on veut acquérir ces droits de bourgeoisie et les exercer. Dans ce cas les droits de bourgeoisie ne sont accordés qu'après un domicile de deux ans dans la commune. Ce système constitue une sorte de naturalisation.

(2) Depuis 1876, le consentement du conseil fédéral est requis dans ce cas : on a craint, en effet, de voir les communes pauvres, pour se procurer des ressources, admettre dans leur sein un grand nombre de citoyens ayant acheté leurs droits de bourgeoisie et qui, en somme, étant étrangers au pays, pourraient faire perdre à la commune suisse le caractère d'étroite solidarité qui unit tous ses membres.

bourgeois, la deuxième ne comprenait que les bourgeois(1,.
Cette coexistence de deux communes subsiste encore aujourd'hui dans presque tous les cantons ; le canton de
Genève seul, beaucoup plus soumis que les autres à l'influence française, comprend une seule catégorie de commune, la commune d'habitants.

Il faut bien reconnaître, d'ailleurs, qu'aujourd'hui les
attributions et les droits des communes des bourgeois
sont beaucoup moins nombreux, et vont de jour en jour
en diminuant.

Aujourd'hui, les communes de bourgeois sont devenues
pour ainsi dire des communautés, des corporations sans
attributions politiques, et dont la principale fonction consiste dans les œuvres d'assistance et d'administration des
biens appartenant aux bourgeois ; toutes les attributions
politiques sont aux mains de la commune des habitants.

Il existe même certains cantons (2) où, à côté de ces
deux types de communes, existe encore la commune scolaire et la commune d'assistance, mais ce sont alors de
véritables communautés avec un but spécial et unique et
ne possédant aucun caractère politique.

Nous savons maintenant ce qu'est la commune suisse
et nous avons ici une distinction importante à faire : deux
groupes de communes, en effet, diffèrent absolument l'un
de l'autre : le groupe des communes de la Suisse germaine et le groupe des communes de la Suisse romande.
Dans la Suisse germaine, la commune est un être moral
indépendant de l'Etat ; elle a une existence propre et an-
térieure à celle de l'Etat, qui n'est pas du tout supérieur
à elle. Aussi s'administre-t-elle seule sans être soumise,

(1) Ainsi, dans la commune de Berne, l'hôpital n'appartenait qu'aux
bourgeois.

(2) Nous voulons parler ici des cantons de Saint-Gall, de Lucerne
et de Zug.

par exemple comme en France, à une tutelle administrative, et partant sans aucune uniformité.

Chaque commune de la Suisse germaine a ses impôts qu'elle perçoit comme elle veut, et jouit des revenus qui lui sont propres comme elle l'entend.

Les citoyens de ces communes constituent une véritable société, et il leur arrive parfois, comme à des actionnaires ordinaires, quand la commune a soldé les dépenses qui lui incombent, de toucher une partie des revenus communaux (1).

Les communes de la Suisse germaine jouissent donc d'une véritable autonomie, et d'une indépendance si grande qu'on a songé à prendre des précautions contre elles. Aussi, à côté du président de la commune, nommé par elle, a-t-on placé un fonctionnaire chargé de surveiller la police et de faire respecter les intérêts du canton.

Dans la Suisse romande, il n'en est plus de même : la commune ici se rapproche bien davantage de la commune française.

La commune romande forme une division dépendant assez étroitement de l'Etat ; c'est une circonscription territoriale partout identique ; l'uniformité absolue y règne au point de vue administratif.

Comme la commune française, la commune romande perçoit ses impôts sous forme de centimes additionnels aux impôts d'Etat.

Cette différence profonde que nous venons de constater entre ces deux groupes de communes au point de vue de leur système financier et de leur autonomie, se retrouve aussi au point de vue de leur gouvernement intérieur, et c'est ici la partie qui nous intéresse davantage pour l'étude de notre institution.

(1) C'est même ce qui explique la lenteur et la difficulté avec lesquelles dans ces communes on accorde les droits communaux aux nouveaux habitants, car, en les accordant facilement et sans longs délais, la répartition des deniers communaux deviendrait vite de plus en plus faible.

Dans la commune germaine toutes les affaires d'intérêt communal sont soumises aux assemblées générales des
électeurs qui, seules, peuvent prendre des décisions.

C'est ici le gouvernement direct qui règne en maître, et
c'est même cette pratique des assemblées générales communales, discutant et réglant toutes les affaires ayant
trait aux intérêts de la commune, qui a été l'origine des
grandes assemblées des cantons, des Landsgemeinde, dont
nous avons parlé plus haut.

L'assemblée communale se tient ordinairement tous les
huit jours ; elle peut même être convoquée sur la demande
d'un certain nombre d'électeurs (1). C'est en discutant
ainsi ces affaires d'intérêt communal à lui soumises que le
peuple suisse a fait l'apprentissage de son éducation politique. Ces affaires sont souvent de minime importance,
nous le reconnaissons volontiers, mais c'est en les étudiant
et en les discutant que se développe le véritable esprit politique chez l'électeur et ce sont ces assemblées communales qui ont permis les heureux résultats donnés par le Réferendum, résultats que nous avons constatés et dont nous
avons félicité le peuple suisse, en étudiant le fonctionnement de cette institution dans la confédération et dans les
cantons.

L'administration des affaires publiques est une véritable
science, et l'éducation politique d'un peuple peut se com-
parer à la formation intellectuelle d'un individu ; de même
que, dans la formation de l'esprit, il faut commencer par
les connaissances les plus simples à acquérir et les plus
faciles à comprendre, pour s'élever progressivement aux
questions plus délicates et plus ardues, ainsi doit se faire
l'éducation politique d'un peuple, si on veut qu'elle puisse
être couronnée de succès.

(1) Ce nombre varie d'après les communes et leur population ;
cependant le plus souvent, pour que l'assemblée générale des électeurs puisse être convoquée, il faut que la demande en soit faite par
30 électeurs.

C'est par la discussion des affaires d'intérêt communal les plus simples et les plus à la portée de tous que l'éducation politique doit commencer chez toute démocratie soucieuse de pouvoir être à même, plus tard, de comprendre et de résoudre les questions législatives beaucoup plus délicates et beaucoup plus compliquées.

Cette consultation directe du peuple pratiquée dans les communes de la Suisse germaine a exercé son influence dans les communes de la Suisse romande, et cette influence est pour nous intéresser tout spécialement, car elle a fait pénétrer dans ces communes la pratique du Referendum.

La commune romande possède le gouvernement représentatif ; chez elle, il n'y a pas d'assemblée générale des électeurs discutant et réglant les affaires de la commune : le rôle de l'électeur de ces communes se borne à nommer, pour un temps déterminé, un conseil municipal qui choisit son maire et qui administre les affaires de la commune. Mais, par suite de l'influence que nous venons de signaler, il y a, à l'heure actuelle, une tendance manifeste à pratiquer le Referendum dans ces communes.

Ainsi, dans le canton de Neuchâtel, une loi de 1875 établissait que la commune devait nécessairement recourir à un Referendum quand elle voulait contracter des engagements financiers s'élevant à une certaine somme. Plus tard, la loi du 5 mars 1888 est venue étendre encore le champ d'exercice du Referendum dans les communes de ce canton.

D'après cette loi, toute discussion du conseil cantonal qui a pour effet de modifier les impôts communaux existants, d'en créer de nouveaux, d'engager de nouvelles dépenses à la charge de la commune ; tout arrêté contenant des dispositions intéressant la commune dans son ensemble, peut être soumis au vote des électeurs communaux, si 5 o/o d'entre eux en font la demande dans un délai déterminé. C'est ici un exemple de Referendum communal facultatif.

Seuls échappent toujours, et de droit, à cette ratification des électeurs communaux, les décisions ou arrêtés dont l'urgence a été prononcée par le conseil cantonal à la majorité des deux tiers des membres présents de cette assemblée.

Cette même loi conférait à chaque électeur communal un droit d'initiative pouvant consister dans la présentation, la modification ou l'abrogation d'un règlement communal, et même dans la proposition de tout un projet concernant la commune.

Grâce à cette dernière mesure, il s'est produit dernièrement, dans ce canton, un heureux résultat ; il y avait, en effet, dans ce canton, une petite ligne de chemin de fer privée, qui était fort mal exploitée et qui rendait, par suite, fort peu de services ; un certain nombre d'électeurs des communes traversées par cette ligne, usant de l'initiative à eux conférée par la loi de 1888, proposèrent le rachat de cette ligne. Ce rachat entraînant une dépense imprévue et fort importante pour les communes, fut soumis à la ratification des électeurs appartenant aux communes intéressées ; ces derniers approuvèrent le principe du rachat qui fut effectué, et, dès lors, la ligne en question, bien mieux exploitée, put rendre de véritables services.

Si l'initiative d'une semblable proposition de rachat était venue du conseil cantonal, le peuple, qui aurait tout de suite vu, dans une proposition semblable, le résultat d'un marché passé entre la société de chemin de fer et les membres du conseil cantonal, négligeant le point de vue pratique et vraiment utile de la question, pour s'en tenir uniquement au soupçon de corruption des membres du conseil cantonal, aurait très vraisemblablement repoussé cette proposition, d'un intérêt cependant indéniable pour le bien du pays.

Le 12 janvier 1895, le canton de Genève a adopté également le Referendum en matière municipale ; dans les communes de ce canton, les électeurs communaux ont le droit de demander le Referendum sur les délibérations des conseils municipaux, dans un certain délai (1), et pourvu qu'ils soient un nombre déterminé pour le demander (2). Il y a des délibérations des conseils municipaux qu'on a soustraites au Referendum ; ce sont toutes celles qui présentent un caractère d'extrême urgence et celles qui établissent le budget communal pris dans son ensemble ; toutes les autres dispositions qui introduisent ou modifient des recettes ou dépenses d'ordre communal peuvent, sous les conditions que nous avons énumérées plus haut, être soumises au Referendum.

C'est ainsi que fonctionne le Referendum dans ces deux cantons de la Suisse romande, et il est très vraisemblable que, dans un avenir assez rapproché, la pratique du Referendum s'étendra aux autres cantons romands.

Nous avons ainsi passé en revue l'histoire, le caractère et le fonctionnement du Referendum en Suisse, dans la confédération, dans les cantons et dans la commune.

Nous nous y sommes même assez longuement arrêtés, parce que la Suisse est véritablement la terre mère de cette institution, et que c'est toujours chez elle qu'il faut revenir toutes les fois qu'on s'occupe du Referendum.

Ce serait cependant une erreur de croire qu'il n'a existé ou qu'il n'existe qu'en Suisse ; le Referendum, en effet, est encore pratiqué quelque peu en Angleterre, beaucoup plus aux Etats-Unis ; on a essayé de l'introduire en Belgique, et, bien que son existence ne soit pas reconnue légalement

---

(1) Ce délai est fixé à un mois pour la commune de Genève, et à quinze jours seulement pour les autres communes du canton.

(2) Le nombre de signatures requis pour que la demande de Referendum soit recevable est de 1.200 pour la commune de Genève, et du tiers des électeurs pour les autres communes du canton.

en France, il y a eu, ces dernières années, dans notre pays, de nombreux Referendums municipaux.

C'est précisément l'étude du Referendum en Angleterre, aux Etats-Unis, et des essais qui en ont été faits en France ces dernières années, qui va faire l'objet de notre troisième partie, à laquelle nous arrivons maintenant.

TROISIÈME PARTIE

Fonctionnement, application et tentative d'application du Referendum dans les pays autres que la Suisse.

CHAPITRE PREMIER

Angleterre. — Etats-Unis. — Belgique.

SECTION PREMIÈRE

Ce qu'est le Referendum en Angleterre.

L'Angleterre est, depuis fort longtemps, la terre classique du gouvernement représentatif. C'est sur son sol qu'il a vu le jour, qu'il s'est développé, et c'est toujours vers elle qu'on tourne les yeux, toutes les fois qu'on songe à modifier et à perfectionner ce système de gouvernement.

Il semble donc, à première vue, que le Referendum doive y être inconnu ; il n'en est rien cependant, et l'existence de cette institution dans ce pays s'explique, pour peu qu'on remonte quelques siècles en arrière, qu'on songe aux origines de la population actuelle de la Grande-Bretagne et au caractère éminemment conservateur et traditionnaliste du peuple anglais.

Ceux qui habitent aujourd'hui la Grande-Bretagne sont des Anglo-Saxons, les descendants de ces Germains qui soumettaient à l'asssemblée générale du peuple les décisions à prendre sur toutes les questions importantes.

Comme leurs ancêtres, les Anglo-Saxons, après leur conquête, continuèrent à pratiquer cette coutume et, dans les communes, sous le nom de *township meeting*, se réunirent en assemblée plénière pour discuter les questions importantes et prendre sur elles des décisions.

A cette époque, le régime féodal qui, d'un côté, vint porter un coup à cette institution de la township, en cherchant à en diminuer l'influence, contribua, d'un autre côté, à la création d'assemblées dites *vestry*, qui, d'abord simplement chargées des affaires d'ordre ecclésiastique, virent, peu à peu, leurs attributions s'accroître et, se perpétuant jusqu'à nos jours, rappellent l'ancienne coutume des assemblées des Germains.

En effet, à l'époque de la féodalité, « le clergé anglais, jaloux de se maintenir en dehors de l'autorité seigneuriale, prit l'habitude, toutes les fois qu'il avait à régler des affaires ecclésiastiques, de réunir les fidèles de chaque paroisse dans le vestry ou vestiaire de l'église. Ces assemblées du vestry empiétèrent si bien, avec le temps, sur les cours du manoir et les assemblées de la township, qu'à la fin du régime féodal, elles restèrent seules occupées du gouvernement entier des petites communautés de village. Leur juridiction dans les affaires civiles, uniquement fondée d'abord sur la tradition, fut sanctionnée, plus tard, à l'occasion de la première loi des pauvres, sous Elisabeth. La paroisse ecclésiastique, dirigée par le vestry, fut déclarée alors, en 1601, l'autorité régulière chargée de l'exécution de cette loi. Les unes après les autres, toutes les branches de l'administration furent jointes à celle-là et confiées aux mêmes mains : les routes, les ponts, le drainage, la police et l'éducation. La paroisse ecclésiastique devint ainsi le principal rouage du gouvernement des provinces (1) ».

Ces assemblées du vestry ressemblaient un peu aux anciennes assemblées d'habitants des communes en France, avec cette différence, toutefois, qu'en Angleterre le domaine religieux n'était pas séparé, comme en France, du domaine civil. Cette différenciation fut très longue à se produire en Angleterre, et ce n'est que vers 1834 qu'à côté de l'ancienne vestry, on vit s'élever la paroisse civile, investie de pouvoirs nouveaux, et ressemblant de plus en plus à l'ancienne townschip anglo-saxonne. La vestry, dès lors, ne fut plus chargée que d'affaires d'ordre ecclésiastique.

En 1894, une loi créa, dans chaque paroisse rurale, une assemblée comprenant tous les habitants de la paroisse et qui prit le nom d'assemblée paroissiale *(parochial meeting)*. Elle a véritablement le caractère d'une assemblée d'habitants, puisqu'elle comprend parmi ses membres même les femmes. Elle se réunit généralement une fois par an, au printemps (c'est le *Lady day*), et elle peut être convoquée à d'autres époques, par son président ou sur la demande de six de ses membres.

Sa principale fonction consiste à nommer, pour chaque année, un conseil de paroisse ; elle a aussi le droit de se prononcer sur l'exécution des lois relatives à l'éclairage, aux bibliothèques, aux sépultures ; de voter des emprunts et certains impôts locaux de faible importance ; c'est un vestige du gouvernement direct pratiqué par les Germains. Cependant, il est bon de noter ici que dans les paroisses dont le nombre des habitants est peu important, il n'y a pas de conseil de paroisse, et, dans ce dernier cas, c'est l'assemblée paroissiale qui exerce toutes les attributions semblables à celles de l'ancienne vestry, et portant princi-

(1) Alexandre de Haye, *Etude sur la réforme de l'administration locale en Angleterre.*

palement sur l'administration des biens destinés à l'entretien des œuvres charitables, la fixation de certaines taxes créées pour améliorer la situation des malheureux. Dans toutes ces communes, la consultation directe des électeurs est donc pratiquée ; mais le Referendum véritable est pratiqué en Angleterre dans d'autres circonstances.

Autrefois, le Parlement anglais, dans le but de donner la personnalité morale à de grandes villes, votait des chartes dites d'incorporation ou lois spéciales s'appliquant à chacune de ces grandes villes ; cette procédure, qui avait le grand avantage de tenir compte très exactement des besoins locaux, chaque grande ville pouvant avoir une charte spécialement appropriée à elle et à ses besoins, avait, par contre, le grave inconvénient de créer une diversité absolue de législation et d'entraîner, par là, des complications fort nombreuses ; aussi est-elle tombée en désuétude.

Aujourd'hui le Parlement anglais vote une loi municipale qui peut être applicable à toutes les grandes villes : cette loi est dès lors parfaite et peut être mise à exécution; mais, et c'est ici pour nous le point essentiel, elle ne devient applicable que dans les villes qui l'ont adoptée. Ce sont les villes qui décident souverainement elles-mêmes si, oui ou non, elles entendent se soumettre à la loi municipale votée par le Parlement, et tous les citoyens ayant le droit de vote dans ces villes sont appelés à prendre part à ce vote, qui est un véritable Referendum. Ce système est connu sous le nom d'option locale.

Ainsi le Parlement anglais avait voté en 1877 une loi créant dans les villes des bibliothèques communales gratuites ; les habitants de Glascow, consultés sur le point de savoir s'ils voulaient ou non que leur ville créât les Bibliothèques gratuites en question, répondirent par 28.000 *non* contre 22.000 *oui*. La loi générale votée par le Parlement n'en resta pas moins loi, mais, conformément au vote de ses habitants, elle ne fut pas appliquée dans la ville de Glascow.

Plus récemment encore, en 1891, en présence des progrès terrifiants de l'alcoolisme dans certaines régions de l'Angleterre, et notamment dans le pays de Galles, le parlement anglais vota une loi permettant aux électeurs du pays de Galles d'interdire le débit des boissons alcooliques, si toutefois les deux tiers des votants étaient de cet avis. C'est bien encore ici un exemple frappant de Referendum, au sujet duquel un des plus illustres parlementaires anglais s'exprimait ainsi : « Le Referendum, la présentation au peuple d'une mesure en détail pour qu'il vote sur elle, qu'on l'approuve ou non, est, en tout cas, une procédure honnête. Il a bien répondu à l'attente, je le crois, en Suisse, sous une forme très extensive, et aux Etats-Unis, sous une forme très limitée. Je ne suis en aucune façon disposé à dire un mot contre lui. Je pense que, dans la forme sous laquelle il existe aux Etats-Unis, il est décidément avantageux pour le bon gouvernement et pour la stabilité du pays ». Discours de lord Salisbury à Edimbourg (*Standard* du 31 octobre 1894).

La pratique du Referendum s'est également étendue aux colonies anglaises. C'est ainsi qu'au Canada, où les assemblées d'habitants subsistent encore et décident souverainement sur certaines choses (1), les municipalités comprennent chacune un conseil élu ; ce conseil nomme le maire et vote les règlements applicables aux communes, mais les habitants des communes sont toujours convoqués par leurs municipalités pour approuver ces règlements municipaux qui ne sont pas mis à exécution avant d'avoir été ratifiés par un vote affirmatif des électeurs (2). Voici bien un exemple de Referendum communal.

(1) Nous citerons à titre d'exemple : les constructions d'église, les créations de cimetière, la nomination de syndics chargés de surveiller ces travaux.

(2) Code municipal de Québec. Articles 1.061-1.077.

SECTION 2me

Le champ d'application du Referendum aux Etats-Unis.

Si, du Canada, nous passons à l'Etat voisin, les Etats-Unis, nous voyons que le Referendum a, dans ce pays, un champ d'application beaucoup plus considérable.

Quand on étudie d'un peu près le système politique en vigueur dans la grande république américaine, un fait d'une grande importance se manifeste tout d'abord : c'est la tendance, nettement accusée dans cette république, à restreindre de plus en plus les attributions des Assemblées élues.

« Une nation n'est libre, disent les Américains, que lorsqu'un frein est imposé à ceux qui la représentent (1) ».

Cette idée n'est pas d'aujourd'hui en vogue aux Etats-Unis, puisque déjà au commencement du XIXme siècle, un des présidents de la république américaine, Madison, disait déjà : « C'est contre le pouvoir législatif surtout que le peuple, témoignant une juste méfiance, doit épuiser l'arsenal des précautions politiques. » Mais elle est allée au cours de ce siècle toujours en se développant.

Dès son origine, en tant que nation indépendante, le peuple américain a manifesté ainsi une tendance à ne pas donner à des représentants élus par lui tout pouvoir pour trancher des questions importantes, et il a voulu se réserver le droit de sanctionner en dernier ressort les lois votées par ses représentants.

Cette idée se trouve aujourd'hui profondément enracinée dans l'esprit du peuple américain, et elle a amené chez lui la pratique du Referendum en matière communale, dans l'ordre constitutionnel, et même, indirectement toutefois,

---

(1) Benjamin Constant. *Réflexions sur les constitutions, la distribution des pouvoirs et les garanties dans une monarchie constitutionnelle.* Page 27.

dans l'ordre législatif. Nous allons esquisser à grands traits le fonctionnement du Referendum dans la république américaine.

C'est l'influence de la race et de la religion qui ont beaucoup contribué aussi à implanter le Referendum aux Etats-Unis. Les Américains sont, en effet, des Anglo-Saxons qui avaient l'habitude des assemblées communales (1). Les traditions religieuses ont également aidé à conserver la pratique de ces assemblées ; en effet, les premiers émigrants anglais aux Etats-Unis furent des non-conformistes, qui quittèrent leur pays pour échapper aux persécutions de l'Eglise officielle anglicane.

Cette réligion des non-conformistes n'avait ni évêque ni hiérarchie : elle avait une organisation républicaine et démocratique, par paroisses, toutes indépendantes les unes des autres. Chaque paroisse fournissait, pour ainsi dire, un état propre à gouvernement direct, où le peuple élisait et consacrait le pasteur, qui restait d'ailleurs toujours révocable : la communauté de vues religieuses était le seul lien unissant ces paroisses. La commune et l'église formaient ainsi, à elles deux, une petite république indépendante, et les Etats-Unis ne sont, en quelque sorte, que la réunion de ces petites unités démocratiques soudées ensemble par le lien fédéral.

Chacune de ces unités, portant le nom de town ou township, forme un Etat en miniature, ayant sa souveraineté propre. C'est cette town ainsi organisée qui constitue le fondement du self-government si vanté, et que l'Angleterre a très habilement appliqué dans presque toutes ses colonies.

Cette town est gouvernée par une assemblée composée de tous ceux qui ont le droit de vote : elle se réunit obli-

(1) Ces assemblées ont toujours existé en Angleterre, comme nous l'avons vu plus haut, avec la <u>vestry</u>.

gatoirement une fois par an (1) et, plus souvent, si des circonstances graves nécessitent sa réunion : cette assemblée a, à la fois, le pouvoir de nommer des magistrats appelés selectmen et chargés d'exécuter ses décisions, et de prendre elle-même des décisions relatives au règlement des affaires locales.

C'est elle aussi qui vote les taxes nécessaires au fonctionnement des services locaux (écoles, assistance publique, travaux publics, police, salubrité publique).

Cette assemblée offre ainsi beaucoup de points de ressemblance avec les anciennes Landsgemeinde des cantons suisses : ce serait cependant une erreur de croire que la pratique en soit générale aux Etats-Unis ; il y a, en effet, des Etats où cette pratique n'existe pas du tout : ce sont les Etats où existe le *countysystem*, nécessité par la grande étendue territoriale de ces Etats, et par la condition de leurs habitants, presque tous descendants d'aventuriers, enrichis par l'exploitation de vastes propriétés terriennes, et ayant nécessairement plus d'attachement pour un système politique se rapprochant davantage de la conception féodale, et où il leur est possible d'avoir plus facilement la prépondérance.

Aussi dans ces Etats, comme par exemple l'Etat de Virginie, des Carolines, toutes les affaires sont-elles dirigées et les décisions prises par un conseil de comté élu.

Dans d'autres Etats situés principalement dans le Centre et l'Ouest de la république américaine, il y a eu une fusion entre les deux systèmes : à côté de l'assemblée élective du comté, on voit exister la township comme nous l'avons décrite plus haut, et constituant, malgré des attributions plus restreintes que dans les autres Etats, un organisme propre limitant dans une certaine mesure l'autorité du conseil de comté.

(1) C'est un souvenir de l'origine germanique des Anglo-Saxons et des anciennes assemblées de mai.

« De ces trois types de gouvernement local, celui de la township avec son assemblée primaire populaire est considéré comme étant le meilleur. C'est celui qui occasionne le moins de dépenses et rend le plus de services : il constitue aussi le moyen d'éducation civique le plus efficace que l'on puisse concevoir. Le town-meeting n'a pas seulement formé la base, il a aussi été l'école de la démocratie. L'action d'une unité administrative aussi petite a cependant besoin d'être renforcée et peut-être aussi surveillée par le gouvernement du comté. Sous certains rapports, et, à cet égard, le système mixte, tel qu'il est mis en pratique dans les Etats du Centre, est considéré comme ayant contribué à la création d'un type parfait. Depuis quelques années, il se produit aux Etats-Unis un mouvement marqué dans le sens de l'extension de ce système.

De tous ces types de gouvernement local, il est possible qu'au milieu du siècle prochain, un seul vienne à prédominer ; ce serait un système uniforme dans ses lignes générales qui régirait toute l'Union : il aurait la township à sa base, et le comté serait un organe appelé à s'occuper de ce genre de questions, qui, si elles sont trop vastes pour être traitées par la township, ne pourraient davantage être résolues d'une manière pratique dans l'atmosphère malsaine d'une capitale d'Etat. » (1)

Il semble ainsi que c'est le système mixte qui aurait le plus de chance de se développer aux Etats-Unis, et c'est précisément avec ce système que l'on voit apparaître le Referendum.

D'après ce système, en effet, l'administration formée par un corps municipal élu prend d'abord des décisions : les unes sont immédiatement définitives et mises à exécution, les autres ne le deviennent qu'après avoir été ratifiées par un vote du peuple.

(1) James Bryce. *The American Commonwealth*. Tome 1er, *op. cit.*, page 621.

Ainsi, toutes les questions qui ont donné lieu à de vives polémiques, à des controverses irritantes et que nous appellerons en un mot les questions de parti, sont soumises au vote populaire. De même le peuple est consulté, quand il s'agit d'émettre un emprunt dont le produit est destiné à améliorer les services publics communaux, et, d'une manière générale, on peut dire que c'est surtout au point de vue financier que ce Referendum municipal existe.

Par exemple, dans l'Etat de Washington aucune ville, aucune commune ne peut contracter de dettes, et ce, quel qu'en soit le motif, dépassant 0,50 o/o de la propriété imposable dans cette ville ou cette commune sans avoir l'assentiment des trois cinquièmes des électeurs (1).

Dans l'Etat de Pensylvanie, chaque ville ou commune peut emprunter jusqu'à concurrence de 7 o/o de la valeur de la propriété imposable ; au-delà de ce taux, il faut nécessairement la ratification des électeurs de la ville ou de la commune.

Dans l'Etat de Missouri, une ville qui contracte, dans le courant d'une année, une dette dépassant le montant des revenus de l'année, doit demander pour cela l'avis des électeurs.

Dans l'Etat de Montana, le peuple est toujours consulté par les municipalités qui veulent contracter une dette dépassant le 3 o/o de la valeur totale de la propriété imposable.

Dans l'Etat de Californie, le peuple doit ratifier toutes les mesures qui entraînent pour les communes des charges qui, pendant une année, dépassent les revenus de cette même année.

D'après ces quelques exemples, c'est, comme nous l'avons fait remarquer plus haut, presque toujours au point de

---

(1) Oberholtzer, *The Referendum in America*, page 210.

vue financier que s'exerce le Referendum, et c'est bien le point où il est le plus nécessaire, et où, souvent, nous regrettons de ne pas le voir fonctionner chez nous, pour opposer un frein salutaire à la tendance dépensière de certaines assemblées délibérantes.

Du domaine municipal, le Referendum, aux Etats-Unis, a pénétré dans le domaine constitutionnel, pour y régner en maître, ce qui n'est pas sans présenter de graves inconvénients, notamment au point de vue de la stabilité des pactes constitutionnels.

Aux Etats-Unis, le peuple est seul compétent pour reviser la constitution des Etats (1) ; c'est encore à l'origine du peuple américain qu'il faut remonter pour s'expliquer cette pratique ; en effet, avant la déclaration de l'indépendance, les Etats formant aujourd'hui la grande république américaine avaient une constitution à eux donnée par la couronne anglaise, et ils ne pouvaient la modifier qu'avec l'assentiment de la couronne qui la leur avait accordée ; une fois l'indépendance des Etats-Unis reconnue, ils ne pouvaient plus s'adresser à la couronne anglaise, dont ils venaient de secouer le joug, et, pour modifier leur constitution, ils ne pouvaient s'adresser qu'au seul souverain existant alors, c'est-à-dire au peuple.

Lui seul est donc, aujourd'hui, maître de fixer la constitution qui le régira, et même, dans certains Etats, à des termes fixés d'avance, on demande au peuple, sans qu'il en ait exprimé le désir, s'il juge à propos de reviser la constitution.

Une assemblée spéciale est nommée pour opérer cette revision constitutionnelle ; elle n'a d'ailleurs que ce pouvoir ; les autres rouages de l'Etat (assemblée législative, pouvoir exécutif) coexistent avec elle.

(1) Il est bien entendu que nous ne parlons ici ni de la Constitution ni des lois fédérales : dans le domaine fédéral, en effet, le Referendum n'est jamais pratiqué.

Cette assemblée prépare un projet de constitution revisée, puis elle soumet le projet qu'elle a adopté au vote populaire, et ce projet ne devient définitif et exécutoire que si la moitié des votants l'adoptent (1).

Au sujet de ce Referendum constitutionnel, il y a en pratique aux Etats-Unis une mesure pleine de sagesse : quand, dans une constitution nouvelle ou revisée, présentée au vote du peuple, se trouvent certains articles traitant de questions irritantes, de controverses aiguës entre partis politiques, la convention, qui a rédigé le projet constitutionnel, soumet d'abord au Referendum les articles du projet constitutionnel qui comprennent justement ces sujets irritants, et si ces articles sont votés par le peuple, on les retire alors du projet de constitution, qu'on soumet, ainsi diminué, au vote populaire.

C'est un moyen habile d'éviter qu'une coalition de partis politiques opposés fasse échouer le vote de tout le projet de pacte constitutionnel pour de petites questions de polémique irritante.

L'assemblée législative de chaque Etat peut aussi demander la revision de la constitution de l'Etat ; on ne tient compte de cette demande que si deux législatures successives renouvellent ce vœu, et le peuple, d'ailleurs, est toujours consulté.

Régnant en maître au point de vue constitutionnel, le Referendum a forcé, aux Etats-Unis, les portes du domaine législatif ; il faut reconnaître, toutefois, que, sur ce terrain, il se pratique surtout d'une manière indirecte et sous le couvert du Referendum constitutionnel.

Dans l'existence officielle du Referendum constitution-

---

(1) Autrefois, on exigeait la majorité des deux tiers des inscrits, puis des deux tiers des votants ; enfin, on n'exige plus, aujourd'hui, que la majorité de la moitié des votants. Cet abaissement continu de la majorité requise pour l'adoption du pacte constitutionnel nous semble une mesure quelque peu fâcheuse, comme entraînant, pour les lois constitutionnelles, une cause presque certaine d'instabilité.

nel, le peuple américain a vu un moyen de légiférer par lui-même en constitutionnalisant les lois, puisque lui seul a le droit de voter les lois constitutionnelles.

Aussi voit-on aujourd'hui des constitutions d'état comprenant des dispositions sur les successions, les chemins de fer, les règlements du travail, le maximum de l'intérêt légal de l'argent, toutes choses qui, en somme, sont autant de mesures législatives pures.

Ce système de constitutionnaliser les lois a le tort d'enlever presque toute indépendance aux assemblées législatives, de surcharger outre mesure le pouvoir judiciaire, obligé à chaque instant de prononcer si une loi est ou n'est pas d'ordre constitutionnel.

De plus, si la loi votée par la revision constitutionnelle renferme des lacunes graves et portant préjudice à l'intérêt général, on ne pourra y remédier qu'en revisant à nouveau la constitution, ce qui entraîne de longs délais et peut même ne pas aboutir du tout, si le peuple se refuse à donner son assentiment à une revision nouvelle.

Ainsi la mesure législative, introduite par la voie de la revision constitutionnelle, peut subsister longtemps avec ses inconvénients et ses lacunes, et causer par là même de graves préjudices.

Malgré cela, le peuple américain tient essentiellement à pouvoir légiférer par ce moyen.

Il a voulu restreindre la puissance de ses législateurs, et ce sentiment tient à la défiance instinctive qu'il eut dès l'origine contre le pouvoir législatif dans lequel il craignait toujours de trouver un usurpateur de tous les autres pouvoirs ; aussi devait-il épuiser contre ce pouvoir, comme nous l'avons dit plus haut, l'arsenal des précautions politiques.

Cette défiance à l'égard du pouvoir législatif a trouvé un nouvel élément pour se développer dans l'abaissement du niveau des parlementaires.

Les assemblées législatives des Etats se sont tellement discréditées par la violence qui préside à leurs délibérations, par les tumultes indescriptibles qui, trop souvent, s'y déchaînent, que, presque dans tous les Etats on a réduit considérablement la durée de leur session.

Au lieu, en effet, de siéger l'année entière, presque partout la durée de leur session est fixée à un maximum de cinq mois, et il y a même des Etats, où l'assemblée législative ne peut pas siéger plus de quarante jours.

La presse américaine, peu suspecte cependant en pareille matière, dresse un tableau déplorable des mœurs parlementaires de son pays, et a ainsi contribué, en s'appuyant sur la défiance instinctive du peuple, à augmenter le discrédit des assemblées législatives et à poussér le peuple à intervenir de plus en plus d'une manière indirecte par la voie constitutionnelle, dans l'exercice du pouvoir législatif.

D'ailleurs, les assemblées législatives elles-mêmes ont, en quelque sorte, abdiqué : en effet, pour les questions qu'elles jugent importantes, comme la réglementation du travail dans les prisons, la prohibition ou la non-prohibition de la vente des boissons alcooliques, fuyant les responsabilités, ces assemblées n'ont pas voulu, par elles-mêmes, prendre de décisions, et ne pouvant soumettre ces questions au Referendum, puisque celui-ci n'est pas autorisé par la constitution au point de vue législatif, elles ont tourné la difficulté en créant un Referendum *ante legem*, en demandant, avant de voter une loi, l'avis préalable du peuple sur la question alors en discussion.

Il faut bien reconnaître aussi que le personnel des assemblées législatives dans les Etats de l'Union, se recrute dans un niveau inférieur à celui qui compose les assemblées parlementaires en Europe.

Aux Etats-Unis, en effet, la partie la plus capable de la population, hostile aux procédés politiques actuellement

en vigueur, se retire presque complètement de la lutte électorale, laissant le champ libre, la plupart du temps, à des
politiciens de profession ne présentant ni les mêmes
garanties ni les mêmes capacités.

Tels sont les principaux motifs qui ont amené le peuple
américain à participer, d'une manière indirecte, à l'exercice du pouvoir législatif, et si d'un côté on peut regretter
que ce système fasse passer, comme nous l'avons vu plus
haut, des lois avec des lacunes graves et dangereuses pour
l'intérêt général, lacunes qu'il est très long et parfois très
difficile de modifier (1), d'un autre côté, il faut remarquer
que ce système assure une certaine fixité dans l'application
des lois, qu'on peut ainsi mieux juger et apprécier; de plus,
les lois ainsi votées sont généralement mieux préparées
que les autres, et ne se présentent à l'approbation du
peuple qu'après avoir été mûrement discutées dans les
conventions spéciales nommées à cet effet, assemblées qui,
en général, n'ayant pas les mêmes mœurs que les assemblées législatives ordinaires, sont composées d'un personnel
bien plus capable et d'un niveau plus élevé.

A côté de ce Referendum législatif indirect, il existe aux
Etats-Unis, comme en Angleterre, une pratique du Referendum législatif direct par les lois dites à option locale.

Ce Referendum ne s'exerce que pour des lois déter-
minées, et de la manière suivante :

L'assemblée législative d'un Etat vote une loi, mais elle
déclare, en même temps, que cette loi ne sera applicable dans
les villes et communes de l'Etat qu'autant que les électeurs de ces villes et communes l'auront formellement
acceptée.

Cette pratique a certainement un bon côté : car telle loi
peut avoir d'excellents résultats dans une ville et de déplorables dans une autre, et c'est l'électeur de chaque ville ou

(1) Puisque seule la procédure de revision constitutionnelle est
ouverte pour parvenir à ce résultat.

commune, le plus apte en principe à juger en l'espèce, qui décide si, oui ou non, l'application de telle ou telle loi est favorable à sa ville, et ce n'est qu'après cette adhésion formelle de la majorité des électeurs que la loi est déclarée exécutoire dans les villes et dans les communes.

En général, ces lois portent presque toutes sur la prohibition ou la non-prohibition de la vente des boissons alcooliques, sur le montant de la licence à payer pour exercer le commerce des spiritueux, sur la fermeture ou la non-fermeture des magasins le dimanche, et même parfois, mais rarement, sur l'application ou la non-application de certains impôts municipaux, comme, par exemple, dans l'Etat de Virginie occidentale, le peuple a été appelé à décider s'il voulait ou non une taxe sur les chiens ?

Ce système de lois à option locale nous semble une mesure très heureuse : il n'est d'ailleurs qu'une application directe du principe de décentralisation, qui compte aujourd'hui beaucoup de partisans, appartenant à toutes les nuances des partis politiques, et appliqué avec prudence dans notre pays à certaines questions actuelles (la réforme des droits d'octroi, par exemple, qui, réalisable facilement et avantageuse dans certaines villes, peut au contraire ne donner que de mauvais résultats dans d'autres), ce système pourrait produire, croyons-nous, de bons résultats.

SECTION 3me

Tentatives faites pour introduire le Referendum en Norvège, Italie et Belgique.

Après les Etats-Unis, où, comme nous venons de le voir, le Referendum fonctionne à la fois au point de vue constitutionnel, législatif et municipal, nous jugeons utile de jeter ici un rapide coup d'œil sur les tentatives qui ont été faites pour l'introduire dans d'autres nations.

Ainsi en Norvège, le Parlement, frappé des ravages que causait à la nation le vice de l'alcoolisme, a voté le 24 juillet 1894 (1) une loi autorisant, à partir du 1er janvier 1896, les communes de Norvège à interdire sur leur territoire le commerce des boissons alcooliques, si la majorité des habitants était de cet avis.

Cette loi créait ainsi un Referendum communal, mais restreint à une question spéciale, le commerce des boissons alcooliques.

A la fin de l'année 1896, onze villes ainsi consultées, au nombre desquelles se trouve Christiania, la capitale de la Norvège, ont, à la majorité de leurs habitants, voté la prohibition du commerce de l'alcool (2). C'est la seule application du Referendum municipal que nous ayons à constater dans ce pays.

En Italie des tentatives ont été faites aussi pour établir le Referendum municipal.

C'est ainsi qu'en 1880, un certain nombre de députés italiens déposèrent, sur le bureau de la Chambre des députés, un projet de loi tendant à établir dans les communes un Referendum au point de vue financier.

Le système proposé offrait une certaine ressemblance avec la consultation des plus forts imposés, qui existait autrefois dans les communes françaises, et qui a été supprimé par la loi des 5-7 avril 1882.

Les députés italiens, auteurs de ce projet, avaient été frappés de l'augmentation énorme des impôts communaux qui s'étaient accrus d'environ 50 % en l'espace de vingt ans, et de la gêne extrême qui en résultait pour les contribuables.

Craignant de voir cet état de chose s'aggraver encore, ils avaient pensé qu'il serait prudent de créer dans les

---

(1) Voyez *Annuaire de législation étrangère*, Année 1895, page 755.
(2) *Etude sur le régime de l'alcool en Norvège*. *Revue* politique et parlementaire, Tome II, page 401, par F. Berner.

communes une sorte de contrôle des électeurs, et d'obliger les municipalités à faire ratifier par les électeurs tous les impôts nouveaux qu'elles voudraient créer.

Ce projet n'aboutit pas alors : mais l'idée était lancée, et devait plus tard être reprise par un des parlementaires italiens les plus compétents.

En 1897, en effet, M. Di Rudini, frappé, comme les députés de 1880, par l'augmentation incessante des impôts municipaux, proposait, comme frein à ces dépenses dangereuses, le contrôle de l'Etat sur les dépenses des communes, et il allait même jusqu'à dire : « J'aurais peut-être eu la hardiesse de substituer à la tutelle du gouvernement le jugement du corps électoral, mais l'opinion publique n'est pas préparée à un changement aussi profond, et, en politique comme en science, la méthode expérimentale est toujours la meilleure. Aussi proposerai-je d'expérimenter le Referendum, en laissant la faculté aux conseils communaux et aux conseils provinciaux de consulter le corps électoral. — Ce Referendum facultatif favorisera l'administration publique, et sera comme un frein mis aux mains des électeurs, qui sont les plus intéressés dans ces questions. » (1)

Jusqu'à présent, cette idée n'a pas encore été mise à exécution, et cependant il serait souhaitable, à notre avis, qu'elle le fût, aussi bien de ce côté que de l'autre côté des Alpes.

Il y a eu aussi, en Belgique, des tentatives pour introduire la pratique du Referendum, mais à part une seule commune de la province de Liège (celle de Sprimont), où le conseil communal, en 1896, demanda aux électeurs de se prononcer sur la construction d'un tronçon de chemin de fer, toutes les tentatives faites dans ce pays pour introduire le Referendum ont porté sur des questions d'ordre essentiellement politique.

(1) Manifeste adressé aux électeurs italiens par M. Di Rudini en février 1897.

C'est ainsi qu'en 1893, les conseils municipaux de plusieurs petites communes de la banlieue de Bruxelles (Molenbeck, Saint-Gilles, Saint-Josse) demandèrent à leurs habitants de se prononcer directement sur le mode de suffrage qui leur paraîtrait le meilleur en matière électorale.

Ces consultations proposées par ces conseils municipaux n'ont d'ailleurs pas eu lieu, les décisions qui les avaient organisées ayant été annulées par le pouvoir central. Ce qui avait donné naissance à ce mouvement, c'était le projet de révision constitutionnelle relatif au mode de suffrage électoral alors en discussion, et la proposition faite par le gouvernement belge d'alors d'un projet consacrant un véritable Referendum royal.

L'exposé des motifs de ce projet était ainsi conçu : « Une nation de quelque étendue ne peut ni légiférer, ni s'administrer directement, et, dès lors, la délégation des pouvoirs s'impose, mais c'est toujours de la nation qu'ils émanent, et c'est consacrer ce principe fondamental que de permettre qu'elle puisse être consultée. Pourquoi le roi, qui peut prendre l'avis du corps électoral quand il lui plaît, en dissolvant les chambres, ne pourrait-il aussi le consulter d'une manière plus spéciale et dans des conditions moins faites pour troubler le pays ? » (1)

En Belgique, en effet, où existe la dualité des chambres, une loi, même votée par les deux chambres, ne peut être mise à exécution que lorsque le roi l'a sanctionnée; en fait, le roi n'a jamais refusé de sanctionner les lois votées par les chambres ; mais, s'il refuse sa sanction à une loi, son acte de refus doit être contresigné par un ministre, et à la suite de ce refus, si les chambres persistent dans leur manière de voir, elles renversent le ministère, et peuvent alors, si elles persévèrent dans leur opposition, être dissoutes par le roi.

(1) Projet gouvernemental de revision, du 2 février et du 10 février 1892.

Dans cette hypothèse, si les mêmes députés sont renommés par les électeurs, le conflit passe à l'état aigu, et le roi, par l'exercice de son droit de sanction, se trouve ainsi découvert. Le gouvernement belge d'alors, qui était représenté par le cabinet Beernaert, pour éviter cet écueil, proposa le 30 mars 1891 de soumettre au vote du peuple la loi cause du conflit entre le roi et le parlement : c'étaient ainsi les électeurs qui devaient, en dernier ressort, décider souverainement de l'application ou non de la loi.

Ce système ne fut pas admis : mais, bien que n'ayant pas abouti, il fut l'origine des tentatives faites dans les villes que nous avons citées plus haut, tentatives qui n'ont pas notre approbation; le Referendum, s'il doit s'établir dans un pays, devant commencer par s'exercer sur le terrain communal, avant de s'élever, comme dans cette circonstance, à la discussion du meilleur mode de suffrage, d'une loi organique par excellence, et qui demande, pour être discutée, des esprits mûris, et une grande connaissance des choses politiques. C'est la commune comme l'a si bien dit M. de Laveleye, qui doit être l'école primaire de la liberté. » (1).

(1) *Le Gouvernement dans la démocratie.* Tome Ier page 87.

CHAPITRE II

Les tentatives d'introduction et l'application du Referendum en France.

SECTION PREMIÈRE

Les propositions faites pour introduire le Referendum en France.

A l'heure actuelle, le Referendum n'a aucune existence légale dans notre pays ; il ne faudrait pas cependant croire, pour cela, que, pendant ces cent dernières années, il n'ait jamais été pratiqué chez nous. Il y a eu, en effet, en France, des Referendums constitutionnels, des plébiscites qui sont, en somme, des Referendums d'un caractère spécial, portant sur une personne au lieu de porter sur une chose, et surtout un assez grand nombre de Referendums municipaux, bien qu'ils n'aient jamais eu l'investiture légale.

Le Referendum législatif seul n'a jamais été pratiqué en France.

Nous allons successivement passer en revue ces divers cas de Referendum, en insistant tout particulièrement sur les Referendums municipaux, la forme de l'institution la mieux adaptée, à l'heure actuelle, aux besoins et à la situation politique du pays.

Déjà, sous l'influence de Condorcet, créateur d'un système de Referendum assez compliqué (1), la Conven-

(1) Ce système soumettait les lois votées par la Convention à la ratification du peuple ; si le peuple rejetait une loi, l'assemblée qui avait voté la loi était dissoute, et on déclarait inéligibles tous ceux qui avaient voté la loi rejetée par le peuple. Ce système ne fut d'ailleurs jamais mis en pratique.

tion de 1793 avait organisé un Referendum facultatif ; les décrets se rapportant aux traités, aux dépenses extraordinaires de la guerre et aux mesures de défense nationale, étaient toujours soustraits à ce Referendum. Pour toutes les autres lois ou décrets, le système en vigueur était le suivant :

Dans un délai de quarante jours après le vote d'une loi, si, dans la moitié des départements, le dixième au moins des électeurs composant les assemblées primaires avait protesté contre cette loi votée par la Convention, la susdite loi devait nécessairement être présentée au vote du peuple, qui devenait ainsi l'arbitre de sa mise à exécution.

Ce système, assez compliqué, peu pratique, resta toujours, d'ailleurs, à l'état purement théorique.

Le Referendum fut appliqué au vote de la constitution de l'an III, au vote de celle de l'an VIII, pour ou contre l'adoption du consulat à vie ; à partir de cette époque, de Referendum constitutionnel qu'il était, il devint véritablement le plébiscite et, comme tel, fut appliqué, en 1804, pour ou contre l'adoption du régime impérial, pour ou contre l'Acte additionnel en 1814 (1), et sous le second empire, le 21 décembre 1851, le 21 novembre 1852 et le 21 mai 1870. A part le vote de 1870, sanctionnant l'évolution libérale du gouvernement impérial, et qui, jusqu'à un certain point, constituait un Referendum, les autres votes ne furent que des plébiscites conférant à une personne les pouvoirs les plus étendus.

Depuis la chute du second empire, il y eut des tentatives pour faire revivre le Referendum en France.

Nous pouvons encore citer un autre Referendum constitutionnel : c'est celui qui eut lieu à Paris le 3 novembre

(1) Cet acte additionnel ne réunit que 1.300.000 suffrages ; il y eut cependant peu d'opposants, mais un nombre considérable d'abstentions. A ce propos, nous ferons observer que, d'une manière générale, en matière constitutionnelle, les opposants s'abstiennent.

1870, et par lequel la population de Paris était consultée par le gouvernement de la Défense nationale du 4 septembre 1870, pour savoir si elle entendait maintenir ou non les pouvoirs de ce gouvernement ou les donner au parti révolutionnaire. Le vote eut lieu le 3 novembre 1870; il donna les résultats suivants :

Vote de l'armée et de la garde mobile. . . . . . 234.623 *oui.*

— — — — . . . . . 9 053 *non.*

Vote de la population civile. . . . . 321.373 *oui.*

— — — . . . . 53.585 *non.*

Soit, en tout . . . . 557.996 *oui.*

— — . . . . 62.638 *non.*

C'était une majorité d'environ 500.000 voix en faveur du gouvernement du 4 septembre (1).

En 1875, à l'Assemblée nationale, on proposa vainement l'établissement d'un Referendum pour le vote de la nouvelle constitution que l'Assemblée allait donner à la France.

En 1884, lors d'une revision partielle des lois constitutionnelles relatives à la modification du mode d'élection des sénateurs, un député, M. Cunéo d'Ornano, fit, sans plus de succès, une proposition analogue.

Peu après, des tentatives furent également faites pour établir en France le Referendum, mais, cette fois, sur le terrain législatif.

En 1885, le gouvernement présenta un projet de loi substituant, pour l'élection des députés, le système du vote au scrutin de liste à celui du vote au scrutin uninominal ou d'arrondissement ; au cours de la discussion du projet de loi, M. de Colbert-Laplace proposa de soumettre cette loi qui, jusqu'à un certain point, rentrait dans le domaine constitutionnel, puisqu'elle se référait à l'organisation des pouvoirs publics, au vote du peuple, et de ne la déclarer

(1) Samuel Denis, *Histoire contemporaine*, livre II, page 14.

exécutoire que si, à cette consultation populaire, elle recueillait la moitié plus une des voix des électeurs inscrits.

Cette proposition fut rejetée *de plano* et sans discussion, comme entachée d'inconstitutionnalité, les lois organiques de 1875 ne reconnaissant pas l'existence légale du Referendum.

En 1886, M. Cunéo d'Ornano, qui avait déjà présenté, mais en vain, un projet établissant le Referendum constitutionnel, revint à la charge, au point de vue législatif cette fois.

Pour éviter le reproche d'inconstitutionnalité encouru, l'année précédente, par le projet de M. de Colbert-Laplace, il soumit simplement à la Chambre un projet établissant un Referendum de consultation, un Referendum *ante legem*. Il proposait de soumettre au vote populaire les lois déjà votées par l'une des deux chambres, toutes les fois qu'un million d'électeurs en ferait la demande. Ce projet de loi fut repoussé.

En 1894, le parti socialiste, lors de la discussion devant la chambre des crédits nécessités par l'expédition de Madagascar, proposa de soumettre cette question au vote du peuple : la proposition n'eut pas de succès, pas plus d'ailleurs que celle présentée la même année et relative à l'application de la loi contre les menées anarchistes.

Ainsi, les tentatives faites, ces dernières années, pour introduire en France le Referendum sur le terrain législatif n'ont pas abouti; aussi, ne les avons-nous indiquées que d'une manière sommaire.

Nous allons nous étendre davantage sur les propositions faites pour introduire dans notre pays le Referendum sur le terrain municipal, tentatives qui n'ont pas été couronnées jusqu'à présent par la consécration législative, mais qui, néanmoins, ont trouvé un appui sérieux dans la pratique qu'en ont faite, depuis quelques années, de nombreuses assemblées municipales.

La première tentative faite en ce sens fut le dépôt d'un projet de loi, présenté le 27 mars 1890, par vingt-deux députés de la droite et, créant un Referendum municipal financier.

S'appuyant sur la suppression de la consultation des plus haut imposés, en matière d'emprunts municipaux ou d'impositions extraordinaires (1), l'exposé des motifs de ce projet de loi, en présence de l'augmentation des centimes additionnels communaux (1), constatait qu'à part le contrôle de l'administration supérieure, et ce contrôle est insuffisant, les conseils municipaux ne voyaient en France aucun frein s'opposer aux augmentations de dépenses votées par eux. Aussi, les députés auteurs du projet de loi en question demandaient-ils, pour remédier à cet inconvénient, que toutes les décisions entraînant, pour les municipalités, l'obligation d'un emprunt, ou d'une taxe nouvelle à établir, ou l'augmentation d'une taxe déjà établie, fussent, avant d'être prises par le conseil municipal, soumises au vote des électeurs de la commune.

La commission d'initiative parlementaire, chargée d'examiner ce projet de loi, conclut à la non-prise en considération, et la Chambre des députés donna raison à cette commission, en adoptant ses conclusions par 308 voix contre 150.

Cette grosse majorité, repoussant l'initiative du Referendum sur le terrain municipal était due surtout à ce que le projet de loi en question ne respectait pas la liberté et le secret du vote, puisque son article 3 était ainsi conçu : « Tout contribuable est appelé à exprimer son avis par un bulletin portant ses nom et prénoms et la mention *oui* ou *non* », et de plus, à ce que ce projet semblait une manière détournée de remettre en vigueur l'adjonction des

(1) Suppression votée par la loi des 5-7 avril 1882.

(2) Cette augmentation ne fut pas inférieure à 14 o/o dans la période de 10 ans, qui s'étend de 1878 à 1888.

plus haut imposés, supprimée en 1882, en faisant entrer en ligne de compte de la majorité le montant des cotes des électeurs.

Peu après le rejet de ce projet de loi, M. Haussmann et quinze de ses collègues firent une tentative dans le même sens, en déposant le 19 juin 1890 un projet de loi autorisant un Referendum municipal portant sur les questions d'intérêt communal toutes les fois que la majorité du conseil municipal aurait été de cet avis, ou que le tiers des électeurs inscrits l'aurait demandé par la voie d'un pétitionnement.

Ce nouveau projet de loi ne fut pas pris en considération non plus par la commission d'initiative parlementaire chargée de l'examiner, et il ne fut même jamais discuté devant les chambres.

Il avait le grave tort de se présenter trop rapidement après le projet précédent déjà rejeté, et, bien que ne présentant pas les mêmes inconvénients antidémocratiques, il eut le même sort. Fût-il même venu en discussion, la Chambre l'aurait repoussé également, car elle n'aurait pas pu se déjuger sur une question de cette importance en un si court espace de temps.

En 1895 enfin, au moment de la discussion, devant la chambre, des propositions de loi tendant à supprimer les taxes d'octroi sur les boissons hygiéniques, il y eut, de la part du parti socialiste, une nouvelle tentative en faveur du Referendum.

La chambre avait voté déjà le principe de la suppression des droits d'octroi sur les boissons hygiéniques, et elle discutait la manière dont les communes devraient se procurer les ressources équivalentes aux produits des octrois supprimés : le projet de loi en discussion soumettait à l'approbation du Parlement le choix définitif des taxes de remplacement proposées par les communes.

C'est alors que M. Guesde et plusieurs de ses collègues

demandèrent à substituer à l'approbation législative la sanction populaire, et à soumettre en dernier ressort au vote des électeurs des communes, l'approbation des taxes de remplacement (1).

Cette proposition fut repoussée à une énorme majorité (437 voix contre 39), mais il faut bien reconnaître que cette tentative de Referendum n'était pas heureuse du tout.

Comment, en effet, admettre, alors que l'institution n'existe pas encore en France d'une manière officielle, commencer par soumettre au Referendum une question des plus délicates et des plus complexes, où les tarifs varient à l'infini et où les électeurs, guidés par un intérêt personnel, auraient certainement voté pour les taxes les déchargeant eux, et chargeant leurs voisins, exerçant des professions ou des industries différentes, ce qui n'eût pas permis d'arriver à un vote définitif, et d'où aurait pu

(1) Nous ferons remarquer, en passant, que le système proposé par M. Guesde se rapprochait assez du système des lois à option locale, que nous avons étudié plus haut, puisque, d'après lui, chaque ville consultée pouvait choisir des taxes de remplacement différentes : « Nous croyons, disait, en effet, M. Guesde, qu'il y aurait intérêt à faire, en matière d'impôts, des expériences locales ; nous pensons qu'il n'y a pas de péril, surtout en matière communale, à laisser s'introduire au moins la possibilité de taxes nouvelles, qui, votées et appliquées par endroit, ne sauraient bouleverser ce que vous appelez l'ensemble de notre système fiscal. On parle toujours d'autonomie communale, de décentralisation ; on dit : il faut réveiller les initiatives locales. Et quand je viens vous proposer non pas même de provoquer, mais seulement de laisser passer ces initiatives sans les frapper de mort subite, on crie à l'abomination de la désolation. Je le répète, qui peut mieux savoir que la population elle-même quelles sont les taxes qui lui conviennent le mieux, qui cadrent le mieux avec sa situation particulière ? Nous vous demandons, en remplaçant l'autorisation du Parlement par l'acceptation des électeurs eux-mêmes, de laisser la Chambre se livrer à son travail, qui est suffisamment considérable, et de laisser un peu nos communes faire le leur. Quels inconvénients voyez-vous à une pareille solution ? Est-ce le Referendum qui vous choque ou vous effraye ? Je vous rappelle que cette consultation directe des intéressés existe en Suisse, non seulement au point de vue municipal, mais au point de vue national, et je ne sache pas que la Suisse soit pour cela à feu et à sang ». (*Journal officiel*. Débats de la Chambre des députés. Année 1895, p. 2478 et 2479.)

ressortir clairement la véritable manière de voir de la population?

Tout autre eût été le résultat, si on avait proposé de soumettre au Referendum le principe même de la question, et si on avait décidé de demander aux électeurs des différentes communes : « Voulez-vous le maintien ou non des droits d'octroi sur les boissons hygiéniques ? »

Il faut, en effet, commencer par soumettre au peuple les questions les plus simples, les plus à la portée de tous, et ne pas aller, du premier coup, demander à l'opinion publique la solution de questions que les esprits rompus à la pratique des affaires depuis longtemps ont de la peine à trouver, même après de longues études.

SECTION 2me

Des principaux Referendums municipaux pratiqués en France ces dernières années.

Jusqu'à présent donc, le Referendum n'a pas acquis légalement droit de cité en France.

Il ne faudrait pas croire, pour cela, qu'il n'ait jamais été mis en pratique, surtout dans ces dernières années, au point de vue municipal : mais, jusqu'à présent, il n'a jamais été reconnu officiellement par la loi.

En attendant, il nous semble bon de passer en revue les principaux Referendums municipaux qui ont eu lieu en France dans ces dernières années.

En 1888, la commune de Cluny (Saône-et-Loire) avait été pressentie par l'autorité supérieure pour l'établissement chez elle d'une petite garnison ; un emprunt de 300.000 francs était nécessaire pour la participation de la commune aux frais de construction de la caserne destinée à recevoir ladite garnison. Le conseil municipal, ne voulant pas, à lui seul, augmenter les charges de la commune, décida de soumettre le cas aux électeurs qui, par 479 voix contre 298, refusèrent d'approuver l'emprunt.

La décision des électeurs fut scrupuleusement observée, et, à ce propos, nous ferons observer que, comme en Suisse, la majorité des électeurs est souvent plus économe des deniers publics que l'assemblée municipale élue.

Ce Referendum de Cluny est véritablement le type du Referendum dont nous préconisons l'introduction en France ; il porte sur une question financière, il est éminemment d'intérêt communal, il n'est pas obligatoire et, partant, n'enlève rien à la dignité de l'assemblée communale, qui, dans ce cas-là, l'avait elle-même sollicité, et, loin d'offrir des dangers et d'être une cause de troubles, il peut, au contraire, et très pacifiquement, éclairer le conseil municipal et l'arrêter sur la pente dangereuse des emprunts et des impôts nouveaux.

Un Referendum, en tous points identique à celui de Cluny, fut pratiqué à Riom en 1889 ; il s'agissait aussi de la construction d'une caserne ; les électeurs, consultés sur l'opportunité de cette construction et sur l'emprunt qu'elle nécessitait, répondirent négativement par 857 voix contre 725.

Comme à Cluny, le Referendum, à Riom, se montra hostile à toute nouvelle dépense.

L'année précédente, en 1888, au moment des élections municipales à Bagnols-sur-Cèze, dans le département du Gard, les candidats, qui d'ailleurs furent élus, s'étaient engagés à soumettre aux électeurs de la commune, lorsqu'ils le demanderaient (pourvu toutefois que la demande émanât d'un nombre déterminé d'entre eux), les mesures importantes d'intérêt communal. Peu après, on discuta à ce conseil municipal l'emplacement du marché (1), et les

____

(1) Il s'agissait, dans l'espèce, de décider si le marché serait ou non maintenu dans l'emplacement qu'il occupait.

élus, fidèles à leur programme, soumirent la question aux électeurs qui, d'ailleurs, l'avaient demandé en nombre suffisant. Suivant la décision du corps électoral, 960 voix s'étant prononcées pour le maintien du marché sur son ancien emplacement et 205 pour son transfert dans un autre, le marché fut maintenu à la place qu'il occupait.

Ce Referendum mérite de plus une observation spéciale : comme il s'agissait, en l'espèce, d'une question d'ordre commercial, le conseil municipal admit à participer au vote tous les patentés de la commune, c'est-à-dire non seulement les électeurs politiques ordinaires, mais encore les veuves, les filles majeures et les étrangers commerçants payant régulièrement patente.

A cette époque malheureusement, le Referendum prit une allure politique : le parti boulangiste, très remuant, chercha à l'accaparer et à en faire une machine de guerre contre le gouvernement établi ; il devint alors aux yeux de beaucoup un instrument de troubles et, son nom aidant, on le présenta comme une arme révolutionnaire.

Le pouvoir exécutif, sous cette impression, en vertu d'une circulaire de M. Constans, alors ministre de l'inté-rieur, adressée aux préfets le 23 mars 1889 (1), annula les délibérations des conseils municipaux qui soumettaient

(1) La *Revue générale d'Administration* nous fait connaître cette circulaire en ces termes : « La consultation du corps électoral par la procédure appelée Referendum constitue une intervention directe des citoyens dans la gestion des intérêts publics, que seuls les man-dataires élus du peuple ont qualité pour administrer, sauf, s'il y a lieu, homologation ultérieure de certaines délibérations des conseils électifs par les autorités compétentes. Le Referendum, qu'il ait pour objet de consulter au préalable le suffrage universel ou de soumettre à sa ratification les décisions prises, n'est ni prévu, ni légal, et ne saurait être appliqué par voie d'initiative individuelle ou collective. Les préfets devront donc prononcer, en vertu des articles 63 et 65 de la loi du 5 avril 1884, la nullité de toute délibération par laquelle des conseils municipaux auraient décidé de recourir au Refe-rendum. »
(Extrait de la *Revue générale d'Administration*, année 1892, t. III, page 464.)

leurs décisions au vote des électeurs ; ainsi furent annulées la délibération du conseil municipal de Bergerac qui, en 1889, proposait le Referendum au sujet du transfert du marché aux bestiaux ; la délibération du conseil municipal de Paris demandant le Referendum au sujet de l'établissement à Paris d'un chemin de fer métropolitain ; en 1892, une délibération du même conseil municipal demandant aussi le Referendum sur une question relative à la prorogation ou à la non-prorogation du traité passé par la ville de Paris avec la compagnie du gaz (1) ; la délibération du conseil municipal de Marseille, en 1893, proposant le Referendum sur une question d'octroi, et cependant toutes ces questions sur lesquelles des conseils municipaux avaient sollicité un Referendum n'avaient, il faut le reconnaître, aucun caractère politique.

Le Referendum, qui, malheureusement, avait été accaparé par un parti politique et qui, pour ce motif, avait été expulsé de la commune en suite de la circulaire ministérielle que nous avons citée plus haut, vint à cette époque se réfugier dans la presse.

En 1890, par exemple, le journal *la France* posa à ses lecteurs la question de savoir s'il fallait ou non évacuer le Tonkin.

Le Referendum eut même, peu après, l'estampille d'un des journaux les plus populaires de France : en 1891, en effet, le *Petit Journal* demanda à ses lecteurs s'ils étaient ou non d'avis d'avancer les vacances scolaires au 14 juillet. Plus de 100.000 réponses lui parvinrent, et l'empressement qu'on mit en France à répondre à cette question, qui

---

(1) En voici le texte : « Avant d'émettre son vote décisif sur le projet de convention, une enquête par *oui* ou par *non* aura lieu dans les sections électorales municipales. Cette enquête, à laquelle prendront part tous les électeurs inscrits, sera organisée par les soins du bureau du conseil. »

(Rapport de M. Brousse et discussion qui a suivi. *Bulletin municipal officiel de la ville de Paris* du 24 nov. 1892.)

n'offrait pas cependant un intérêt capital, montre bien
que le Referendum n'avait rien perdu dans l'estime de
l'opinion publique.

Puis, la crainte du péril boulangiste ayant disparu, de
nouveau certains conseils municipaux commencèrent à
remettre le Referendum en pratique, et le pouvoir exécutif, rassuré sur le peu de danger qu'offrait la pratique
de cette institution, usa de tolérance envers lui et ferma
les yeux sur son manque d'existence légale.

C'est ainsi qu'en 1896 fut pratiqué à Beauvais un Referendum qui fit beaucoup parler de lui dans la presse, et,
en somme, assez favorablement, puisqu'il eut l'heureux
résultat de mettre fin à une situation difficile qui divisait
en deux camps la population de la ville.

Depuis fort longtemps, en effet, à Beauvais, la population avait l'habitude de célébrer chaque année par des
fêtes solennelles et une procession imposante le souvenir
de l'héroïque résistance que ses anciens habitants, stimu-
lés par le courage et l'intrépidité de Jeanne Hachette, avaient
victorieusement soutenue contre Charles le Téméraire,
en 1472.

Dans cette procession solennelle, toutes les autorités
civiles, militaires et religieuses, avaient officiellement leur
place : en 1885, le conseil municipal prit une délibération
excluant l'élément religieux du cortège : les électeurs, sur
ce point n'étant pas en conformité d'idées avec la majorité
de leurs élus, déposèrent des pétitions, couvertes de nombreuses signatures, et demandant toutes le rétablissement
de l'ancien cortège, avec la participation officielle de l'élément religieux.

Pendant dix ans cependant, le Conseil municipal, restant
dans le *statu quo*, ne revint pas sur sa décision de 1885,
tout en émettant des vœux en faveur du retour à l'ancien
état de choses, puis, les pétitions continuant et devenant de
de plus en plus pressantes, la majorité du conseil municipal

décida de soumettre la question au vote populaire, et ayant encore présent à la mémoire la circulaire du 23 mars 1889, les conseillers municipaux de Beauvais firent procéder à ce Referendum non en tant que conseillers municipaux. mais en tant qu'électeurs réunis en comité spécial. Ce fut le motif pour lequel, dans ce vote, les abstentions s'élevèrent à environ 55 °/₀ du nombre des électeurs ; néanmoins dans le nombre des votants une majorité très forte s'étant décidée en faveur du rétablissement du cortège, tel qu'il fonctionnait autrefois, le conseil municipal rétablit la participation officielle de l'élément religieux à ces fêtes annuelles.

En 1896, lors du renouvellement des conseillers municipaux, dans une commune du département du Gard, à Valleraugue, où, depuis longtemps la question de la suppression des octrois était en discussion furent élus les candidats qui avaient promis de s'en rapporter, sur ce point, à l'opinion des électeurs.

Elus, ils observèrent scrupuleusement leurs promesses, et soumirent directement aux électeurs de la commune la question du maintien ou de la suppression des octrois : par 299 voix contre 266 sur 900 électeurs, la suppression de l'octroi fut votée, et le conseil municipal se conforma à ce vote.

La même consultation des électeurs fut faite, sur le même projet, à Dijon l'année suivante, en 1897. Mais dans ce vote le nombre des abstentions fut considérable : environ 13.000 électeurs sur 17.000 inscrits ne prirent pas part à cette votation.

Ce grand nombre d'abstentions tenait à ce que la municipalité de Dijon, toujours sous la crainte de voir sa décision provoquant le Referendum annulée par l'autorité supérieure n'avait organisé ce Referendum qu'officieusement, en le remettant aux soins des syndicats ouvriers de la Bourse du travail.

Deux tentatives infructueuses de Referendum furent faites au conseil municipal de Toulouse, l'une en date du 30 mars 1897 demandant de soumettre au vote populaire une décision relative à l'achat d'un terrain pour l'établissement d'une place publique, et l'autre relative au sectionnement ou au non-sectionnement, au point de vue électoral, du faubourg Saint-Cyprien.

A part ces exceptions, la plupart des Referendums que nous avons observés ces dernières années ont tous porté sur des questions financières. La création de garnisons nouvelles et l'augmentation d'anciennes, par suite de la création de quatrièmes bataillons dans un certain nombre de régiments d'infanterie, ont été la source de nombreux Referendums.

En effet, l'installation d'une garnison ou son augmentation nécessitent la construction ou l'agrandissement de casernes, ce qui entraîne d'assez fortes dépenses réparties entre l'état et la commune, siège de la garnison.

Or, les conseils municipaux de certaines villes ont résolu, avant de donner une réponse ferme au ministre de la guerre, de consulter sur ce point leurs électeurs, qui décideraient souverainement si les frais nécessités par ces installations nouvelles seraient compensés par un surplus de recettes avantageuses pour la ville, ou si, au contraire, le *statu quo* serait préférable au point de vue financier communal.

C'est ainsi que furent consultés sur ces questions les électeurs de Cluny et de Riom, comme nous l'avons vu plus haut, et plus récemment, ceux de Morlaix, le 13 août 1897, de Pont-Audemer, le 7 octobre 1897, de Fougères, le 12 juillet 1897, et tout dernièrement, enfin, en février 1900, les électeurs de Rochefort.

Le gouvernement avait demandé à la ville de Rochefort une somme de 950.000 francs pour la construction d'une caserne. Le conseil municipal ne voulut pas donner une réponse ferme au gouvernement, et engager ainsi les finances de la commune sans consulter les électeurs.

Ces derniers répondirent par 1233 *oui*, 1086 *non* et 700 bulletins blancs, qui étaient douteux. En présence de la faible majorité obtenue en faveur de la construction de la caserne, et de la dépense qui en était la conséquence, le conseil municipal décida de réduire, autant que cela serait en son pouvoir, la part de la ville dans les dépenses nécessitées par cette construction.

Nous pouvons signaler également, avant ce Referendum de Rochefort, la consultation des électeurs faite au Blanc en novembre 1897 sur la question de l'admission ou de la non-admission des marchands forains ; 845 électeurs se prononcèrent pour et 63 contre.

A Saint-Nazaire également, en avril 1898, le conseil municipal soumit directement aux électeurs la question de savoir s'ils étaient partisans ou non du rachat du monopole des eaux. 1461 se prononcèrent pour et 734 contre.

Ces divers conseils municipaux se sont conformés au vote émis par leurs électeurs, et, à notre avis, ces tentatives de Referendum qui se sont produites dans des villes à opinions politiques bien différentes, et qui ont été couronnées de succès, montrent bien que l'exercice de cette institution, sagement pratiqué, n'est pas une cause de trouble, n'est pas négligé par la masse des électeurs, puisque presque partout dans ces consultations populaires le nombre des votants reste sensiblement le même que dans les élections ordinaires (1), et peut produire de très heureux résultats.

---

(1) Sauf cependant à Dijon où les abstentions furent considérables ; mais cela tenait, comme nous l'avons expliqué, à une cause toute spéciale.

QUATRIÈME PARTIE

---

*Appréciation du Referendum sur ses trois terrains :
constitutionnel, législatif, communal, et avantages que son introduction en France sur le terrain communal pourrait procurer à notre pays.*

Nous avons ainsi passé en revue successivement les
divers pays où le Referendum s'exerce : nous venons de
voir les tentatives qui ont été faites pour l'introduire dans
d'autres, et la tendance actuelle qui existe en France pour
son extension et son introduction officielle dans le domaine
des affaires communales.

Il convient, maintenant que nous connaissons l'histoire
et les résultats du Referendum, d'examiner ce qu'il vaut
en lui-même, quels sont ses avantages et ses inconvénients
et l'avenir qui peut lui être réservé dans notre pays.

Au dire de ses partisans déterminés, le Referendum
possède toutes les qualités qu'on est en droit d'attendre
d'une institution politique, et bien malheureux sont les
pays qui ne veulent pas le comprendre en ne l'adoptant pas
immédiatement.

Pour ses adversaires, au contraire, le Referendum comporte des défauts si nombreux et si graves qu'il doit
entraîner les pays qui seraient tentés de l'adopter aux
pires désastres (ce qui est une exagération manifeste, car
nous ne savons pas quelle calamité terrible a fondu sur la
Suisse, qui le pratique cependant depuis fort longtemps).

Nous allons essayer de découvrir ce qu'il y a de vrai dans les exagérations des partisans et des adversaires de cette institution, et, sans aucun parti pris, d'examiner ses bons et ses mauvais côtés.

Pour cela, nous étudierons successivement le Referendum à ces trois points de vue : constitutionnel, législatif et municipal ; car, ce qui est vrai pour l'un ne l'est pas nécessairement pour l'autre, et l'appréciation qu'on doit avoir du Referendum varie, d'après le terrain sur lequel se meut cette institution.

CHAPITRE PREMIER

Appréciation du Referendum sur le terrain constitutionnel.

Comme nous l'avons vu, le Referendum constitutionnel consiste à soumettre au vote d'un peuple le projet de constitution qui doit le régir ; et, à ne déclarer exécutoire aucune loi constitutionnelle, ni aucune revision totale ou partielle de la loi constitutionnelle, avant que le vote populaire l'ait formellement ratifiée.

A cette lecture, l'idée du plébiscite vient à l'esprit du plus grand nombre, et c'est cette assimilation de deux institutions absolument différentes, comme nous l'avons expliqué, qui a nui évidemment beaucoup, dans notre pays, au Referendum, même sur le terrain municipal.

La constitution, disent les partisans du Referendum constitutionnel, est la loi fondamentale et organisatrice de l'Etat ; c'est elle qui fixe le mode de fonctionnement de ses divers rouages, qui détermine si le peuple, en qui réside la souveraineté, exercera directement, ou à l'aide de délégués, les pouvoirs que cette souveraineté lui confère : il est donc de toute nécessité que le peuple sanctionne de son approbation une semblable loi.

Puisque, comme on le reconnaît d'une manière unanime aujourd'hui, le peuple est souverain, il jouit des droits attachés à la souveraineté, et, partant, il peut seul disposer de ces droits : or, c'est en disposer d'une manière indiscutable que de fixer la manière dont s'exercera cette souveraineté, et c'est précisément l'objet de toute loi constitutionnelle : il est donc logique que le peuple adopte lui-même la manière d'après laquelle il disposera des droits que lui confère sa souveraineté.

De plus, une constitution qui s'appuiera sur la majorité véritablement exprimée de la nation aura une force et une autorité beaucoup plus grandes que celle qui n'aura été admise que par un certain nombre de représentants très capables, c'est possible, mais en qui ne s'incarne pas toujours l'âme de la nation, dont il est difficile de saisir les aspirations, qui, il faut bien le reconnaître, sont parfois un peu confuses.

Le peuple qui aura sanctionné, par son vote, la constitution établie, serait mal fondé ensuite à venir la critiquer, et la partie de la nation qui l'aura repoussée se trouvera nécessairement désarmée, car elle ne pourra pas prétendre que l'œuvre constitutionnelle va à l'encontre du vœu du pays, qui aurait été trahi par ses représentants, ou dont les véritables aspirations n'auraient pas été comprises, puisque c'est la nation elle-même ou, du moins, la majorité d'entre elle, qui aura sanctionné la constitution appelée à la régir.

Avec ce système de Referendum constitutionnel tomberont les agitations stériles et dangereuses pour la paix publique, qui se manifestent sous la forme de demandes de revision incessantes, quand la constitution n'a pas été soumise à la ratification populaire.

Avec le Referendum constitutionnel, la France n'aurait pas connu ce grand mouvement revisionniste, incarné dans une personnalité d'une bruyante popularité, mouvement qui, il y a dix ans, troubla profondément le pays et rassembla le parti de tous les mécontents qui, depuis, sont allés grossir la phalange des partis extrêmes, et s'appuyant toujours sur cette idée que la constitution actuelle, non ratifiée par la nation, ne lui convient plus, restent pour le pays, à certains moments, une source de crainte pour le maintien de l'ordre intérieur.

Une constitution votée par le peuple ne pourra pas susciter de craintes semblables, ni faire naître de telles agitations dans l'opinion publique : issue de la nation même, elle pourra victorieusement repousser les attaques de ses adversaires, qui, vaincus par son origine, seront vite contraints de mettre bas les armes, et de se soumettre à elle.

Indépendamment de la force indiscutable qu'une constitution ratifiée par le peuple puise dans ce vote de la nation, elle acquiert également par là même une stabilité bien plus grande.

Le peuple, qui a adopté la constitution directement, ne voudra pas se déjuger, et pour le faire, si toutefois il en avait l'intention, il n'aura plus ici le prétexte de dire que sa volonté a été mal interprétée, puisque c'est lui-même qui l'aura adoptée.

Les revisions de constitution seront donc plus rares, et, si parfois le besoin d'une modification se fait sentir, on la préparera avec soin, parce qu'on saura qu'une fois adoptée, elle doit avoir une longue existence.

Devant être soumise au vote du peuple, la loi constitutionnelle y gagnera aussi en clarté, et ne présentera pas dans son texte des ambiguïtés telles qu'on en rencontre dans les constitutions actuelles, car ceux qui la prepareront, sachant combien le peuple se méfie instinctivement de ce qu'il ne comprend pas, s'efforceront, pour éviter de subir un échec devant le vote populaire, de la rédiger de la façon la plus simple et la plus compréhensible.

Ainsi avec le Referendum constitutionnel, la constitution gagnera en clarté, en stabilité et en autorité : elle reposera réellement sur sa véritable base, la souveraineté du peuple. Tel est du moins l'avis des partisans du Referendum constitutionnel.

Nous ne partageons pas cette manière de voir, et c'est même sur le terrain constitutionnel que nous nous déclarons le plus éloignés du désir de voir le Referendum s'établir dans notre pays.

La constitution est la loi fondamentale de l'Etat, elle doit régler avec précision et harmonie les divers rouages de cet Etat, et, partant, doit contenir des dispositions assez nombreuses et assez délicates, dont le peuple, en grande majorité tout au moins, n'est pas capable, à l'heure actuelle, d'apprécier la nécessité. C'est une loi d'ordre théorique beaucoup plus que d'ordre pratique, et ainsi moins à même d'être saisie par le plus grand nombre.

En somme, elle ne règle jamais des questions d'intérêt matériel, mais des problèmes de politique pure, sur lesquels les esprits, même les plus éclairés, hésitent longtemps avant de se former une opinion ; et c'est au jugement de la masse qu'on veut soumettre de semblables dispositions.

Mais le peuple ne verra, le plus souvent, dans le projet constitutionnel, qui lui sera soumis, que quelques dispositions de détail qu'il comprendra, et, si ces dispositions lui plaisent, il votera le projet qui lui est présenté, dans son intégralité, sans s'inquiéter autrement de savoir si l'ensemble de la constitution à lui soumise répond bien à la situation et aux besoins actuels du pays.

Parfois aussi, le peuple se buttera contre un article qui lui paraîtra, peut-être à tort, dirigé contre lui, et, entraîné par cette idée, rejettera impitoyablement, malgré toutes ses autres qualités, le projet constitutionnel à lui soumis.

On a souvent prétendu que la masse des électeurs est incapable de discerner si, dans son ensemble, une loi ordinaire est bonne ou mauvaise, et on veut qu'elle soit apte à reconnaître si la loi constitutionnelle, bien plus subtile et bien plus délicate, produira ou non d'heureux résultats.

C'est, au contraire, à ce point de vue constitutionnel, que l'incapacité populaire nous paraît la plus grande.

On nous dit que la constitution qui aura été ratifiée par le peuple en obtiendra une stabilité et une autorité bien plus considérables : l'expérience des faits ne vient pas précisément à l'appui de ce dire : Où les revisions constitionnelles ont-elles, en effet, été le plus nombreuses ? C'est sans contredit en Suisse et dans les Etats de la république américaine, où justement le Referendum constitutionnel est en vigueur. Le peuple, fort de cette prérogative, veut se donner très souvent le plaisir d'en jouir.

Il faut reconnaître aussi que ces revisions constitutionnelles ont souvent un caractère personnel très accusé : c'est, en effet, un moyen détourné de faire descendre du pouvoir, les personnalités qui s'y trouvent, en modifiant le mode de leur nomination.

En ce sens, on peut dire que, jusqu'à un certain point, le Referendum constitutionnel a une tendance à tourner au plébiscite, et il peut être à redouter qu'avec les modifications nombreuses qu'il favorise dans les pactes constitutionnels, le peuple, fatigué de cette instabilité, n'aboutisse, en fin de compte, à remettre tous ses pouvoirs à un seul. L'histoire de notre pays est là pour nous donner un exemple d'une solution semblable.

Tels sont les arguments invoqués pour et contre le Referendum constitutionnel : il y a une part de vérité dans certains d'entre eux, mais ils sont presque tous empreints d'exagération.

Il n'est pas exact de dire que toujours le Referendum constitutionnel, dans les pays où il fonctionne, amène des modifications incessantes dans les constitutions en vigueur et mette ces pays dans un état de trouble et d'agitation tel qu'ils sont prêts, pour recouvrer la tranquillité et la paix, à se jeter dans les bras du premier César venu ; et, d'abord, il faudrait trouver ce César, les Césars, même de qualité inférieure, se font bien rares à notre époque, et ensuite l'exemple donné par la Suisse prouve bien que l'agitation provoquée par ces revisions constitutionnelles ne produit pas des effets tellement lamentables ; l'ordre et la paix publique n'en sont guère troublés.

Ces consultations nationales trop souvent répétées ont un inconvénient : c'est qu'elles arrivent à faire déserter le scrutin par le peuple, et augmentent ainsi le nombre de ceux qui s'abstiennent dans de notables proportions. Mais est-ce au Referendum qu'il faut attribuer cette indifférence du corps électoral? Nous ne le croyons pas. En France, à l'heure actuelle, où il n'existe pas, les abstentions sont certes assez nombreuses.

Un inconvénient sérieux, et véritable celui-là, qu'on peut reprocher à la pratique du Referendum constitutionnel, c'est qu'il rend impossible la faculté d'amendement. Le peuple est obligé d'accepter tel quel le projet constitutionnel qu'on lui présente, et cependant il peut y avoir dans ce projet des articles qu'il serait prudent de supprimer ou de modifier ; le peuple peut s'en apercevoir, et alors, s'il est partisan de ces modifications, il ne peut que rejeter tout le projet; de là la nécessité de la confection d'un nouveau pacte constitutionnel qui, à son tour, pour d'autres motifs, peut présenter des clauses malheureuses et être également rejeté. On peut ainsi arriver à une impossibilité matérielle d'aboutir à un vote définitif.

Aussi, nous ne sommes pas partisans de l'introduction du Referendum en France sur le terrain constitutionnel.

L'esprit politique du peuple français n'est pas assez développé pour résoudre maintenant les questions les plus difficiles et les plus délicates, et ce serait une mauvaise manière de faire son éducation que de commencer aussitôt par lui soumettre les questions les plus ardues.

La solution est beaucoup plus délicate à donner au point de vue du Referendum législatif, à l'appréciation duquel nous arrivons maintenant,

CHAPITRE II

Appréciation du Referendum sur le terrain législatif.

Le Referendum législatif consiste à soumettre au peuple qui, seul alors, peut lui donner le caractère obligatoire, une loi déjà votée par le parlement, ou une loi sur laquelle les deux chambres qui composent le parlement ne sont pas d'accord, ou à demander au peuple son avis sur une loi qui n'est encore qu'à l'état de projet en discussion devant le parlement.

C'est dans ce dernier cas le Referendum dit de consultation : il peut être employé ainsi sur le terrain communal, et l'enquête de *commodo et incommodo* qui se pratique en France (1) est en somme un Referendum de ce genre, mais un Referendum motivé, ouvert à tous, puisque tous les habitants de la commune où a lieu l'enquête sont invités à faire connaître leur manière de voir, et ce, sans condition de domicile, de payement d'impôt ni même de sexe.

En matière législative, ce Referendum de consultation nous paraît un contre-sens. Les parlementaires doivent, en effet, en bonne logique, être les conseillers du peuple, et ce n'est pas aux électeurs à venir éclairer la représentation nationale.

Ce Referendum législatif *ante legem* serait forcément vague et équivoque, aucune discussion n'ayant eu lieu sur le projet de loi sur lequel il porterait, et les résultats qu'il pourrait donner ne seraient en aucune manière avantageux. D'ailleurs il faut reconnaître que, lorsqu'on parle du Referendum législatif, on a presque toujours en vue le Referendum *post legem*, appelé aussi Referendum de sanction.

(1) Cette enquête a lieu en cas de vente ou d'achat de biens communaux, en matière d'expropriation pour cause d'utilité publique, d'autorisation d'établissements insalubres.

Il peut s'appliquer à une loi sur laquelle les deux chambres qui composent le parlement ne sont pas d'accord, et prend alors le nom de Referendum de partage, et nous avons vu, dans les premières pages de cette étude, quelle était notre appréciation sur ce système.

Enfin il peut s'appliquer à une loi votée définitivement par les deux chambres, mais qui ne devient exécutoire qu'après avoir reçu l'approbation des électeurs, et, dans cette dernière hypothèse, le Referendum peut être obligatoire ou facultatif, comme nous l'avons expliqué dans notre introduction.

Le Referendum législatif obligatoire doit être rejeté à notre avis : il a le grave tort de diminuer la responsabilité des assemblées parlementaires, et de les pousser par là même à n'étudier et à ne voter qu'à la légère des lois qui, en dernière analyse, ne sont véritablement lois qu'après l'avis conforme des électeurs.

Si ces lois sont mauvaises, les parlementaires, avec ce système, peuvent toujours en décliner la responsabilité, couverts qu'ils sont, par le vote populaire.

De plus, en pratique, ce système conduirait presque fatalement à un certain arbitraire. Il serait, en effet, matériellement impossible dans un état ordinaire de soumettre toutes les lois, votées par le parlement à la ratification populaire : il faudrait donc déterminer quelles lois seraient soumises au Referendum, et quelles lois lui échapperaient.

Or, par quelle autorité faire faire ce choix ? Nécessairement par les membres du parlement, et ils auront alors bien soin de ne soumettre au peuple que les lois sur lesquelles aucune grave controverse n'existe, et qui sont à peu près sûres de recueillir l'adhésion de la majorité des électeurs; ainsi le Referendum ne remplira pas le but pour lequel il doit être pratiqué.

Même avec cette délimitation de lois non soumises et soumises au Referendum, ce système nécessiterait encore un trop grand nombre de consultations populaires, ce qui, au bout d'un certain temps, amènerait des abstentions de plus en plus nombreuses, et pourrait arriver à faire dépendre le vote des lois d'une minorité infime, qui, si elle était obstructionniste, pourrait se faire un plaisir d'empêcher systématiquement toutes les lois de passer.

Le Referendum législatif facultatif ne comporte pas tous ces inconvénients : nous le préférons de beaucoup au Referendum obligatoire, sans cependant en souhaiter, à l'heure actuelle, l'introduction en France, l'esprit politique du peuple français ne nous paraissant pas encore assez élevé pour pouvoir en retirer un avantage sérieux.

Ce Referendum législatif présente en effet d'assez graves inconvénients, que seule une forte et longue éducation politique peut faire disparaître chez un peuple.

Le premier inconvénient, c'est l'incompétence du peuple en matière législative.

Les électeurs, en effet, pour la très grande majorité, n'ont pas de loisirs suffisants pour étudier les questions qu'on leur soumettrait, et se décider en connaissance de cause sur les lois à eux présentées.

Les lois tranchent le plus souvent des questions délicates portant sur des matières difficiles, et les assemblées législatives, même les mieux composées, éprouvent parfois de grandes difficultés pour arriver à y voir clair, à démêler quel est le véritable intérêt du pays, et à le faire triompher dans le texte législatif élaboré par elles.

Comment alors les électeurs pourraient-ils s'y reconnaître, et ne serait-ce pas d'une grande imprudence de remettre la solution de questions ardues à l'arbitrage des masses ?

Comme on l'a dit spirituellement : « Voyez-vous les habitués du cabaret décider entre deux chopines, là où Pothier a hésité, où Portalis et Tronchet n'ont pu se mettre d'accord ?»

Les électeurs se laisseraient donc nécessairement guider par des meneurs, qui, par des phrases habiles, et grâce à quelques articles favorables qu'ils mettraient adroitement en relief, pourraient faire adopter par le peuple des mesures qui, au fond et d'une manière générale, seraient nuisibles au plus grand nombre.

Mais pourquoi, dira-t-on, le peuple, que vous déclarez incompétent pour voter une loi, devient-il très capable dès qu'il s'agit de nommer un représentant?

Au fond, il y a dans ce raisonnement quelque chose de fondé : mais nous ferons observer cependant qu'en France à l'heure actuelle, avec le scrutin uninominal, l'électeur est assez généralement à même de connaître la valeur des candidats qui se présentent à ses suffrages (et c'est un des grands avantages du scrutin d'arrondissement sur le scrutin de liste, où la majorité des électeurs ignore la plupart des candidats), et partant de se décider avec une certaine connaissance de cause.

Il sera plus difficile aux électeurs de discerner la valeur et les avantages que peut présenter une loi à eux soumise, et ils pourront être assez facilement trompés.

Par exemple, dans un projet de loi qui jouit, d'une manière générale, de la faveur populaire, on peut insérer des articles contraires aux intérêts du plus grand nombre. Les électeurs, qui veulent que la loi soit votée, sont obligés de la voter, même avec ces dispositions désavantageuses, car, dans un vote populaire, on ne peut pas, comme dans une assemblée, voter une loi article par article (on se heurterait alors à une impossibilité matérielle absolue), et le vote d'une semblable loi, fait dans ces conditions, peut entraîner des conséquences fâcheuses.

On pourrait craindre également que le Referendum législatif ne fît naître de l'agitation, et qu'ensuite de cette agitation la majorité des électeurs ne repoussât des lois, même excellentes, systématiquement et par esprit d'opposition au gouvernement.

Il est vrai que parfois aussi dans les assemblées parlementaires, grâce à des coalitions de partis, des lois, bonnes en elles-mêmes, sont repoussées uniquement dans le but de faire tomber un cabinet qui tient essentiellement à les faire passer.

Le Referendum législatif cependant affaiblit d'une manière incontestable le ressort des assemblées législatives en diminuant la responsabilité de leurs membres, qui s'inquiéteront dès lors beaucoup moins des conséquences heureuses ou non que pourra entraîner le vote de tel ou tel projet de loi.

Cette diminution de responsabilité pour les parlementaires existe en effet, mais n'est-elle pas compensée par le frein salutaire que le Referendum législatif, auquel on pourrait même reprocher sa parcimonie, apporterait aux dépenses publiques (1), et par la clarté et la plus grande simplicité qu'auraient les lois destinées à être soumises au vote populaire ?

Comme nous venons de le voir, les avantages et les inconvénients du Referendum sur le terrain législatif se balancent à peu près ; néanmoins, nous croyons qu'à l'heure présente et en nous plaçant au point de vue de notre pays, le moment n'est pas venu de l'introduire dans notre organisme politique avant d'avoir développé l'esprit politique des électeurs, et de l'avoir élevé au-dessus des mesquines considérations de personnes et de partis par l'exercice sage et lentement progressif du Referendum municipal, à l'étude duquel nous arrivons maintenant.

---

(1) Comme l'a très bien dit M. de Laveleye : « Les gouvernements sont entraînés à prodiguer l'argent parce qu'ils en retirent quelque profit. Mais le peuple tient à ses deniers, et il s'en montrerait économe, trop économe peut-être. »

CHAPITRE III

Appréciation du Referendum sur le terrain communal.

Sur le terrain communal, le Referendum ne présente plus les mêmes inconvénients que sur le terrain législatif, et ce n'est pas seulement en théorie que nous pouvons l'affirmer, puisque nous avons pu en juger d'après les exemples que nous avons cités plus haut, exemples assez nombreux qui ont eu lieu en France dans ces dernières années.

On a cherché à décrier le Referendum, même sur le terrain municipal, en le représentant comme une institution totalement étrangère au sol français, comme un produit d'importation exotique, alors qu'il est au contraire une fort ancienne coutume nationale.

Sous l'ancien régime, en effet, la vie communale en France était assez intense. L'assemblée communale, connue sous le nom d'assemblée d'habitants, se réunissait assez fréquemment pour discuter toutes les questions d'intérêt général, et même, dans certaines provinces, la commune n'était engagée pécuniairement que lorsque les deux tiers de ses habitants y avaient consenti (1).

Qu'on ne vienne donc pas dire aujourd'hui que le Referendum est une institution étrangère et contraire à notre esprit national.

Ce qui, dans notre pays, a nui au Referendum, à son développement et à sa reconnaissance officielle, c'est l'idée centralisatrice issue de la monarchie, précipitée par la Révolution, poussée à l'extrême sous le premier Empire et

---

(1) Voilà bien, si nous ne nous trompons, un ancêtre direct du Referendum communal financier que nous préconisons aujourd'hui.

qui subsiste encore aujourd'hui, atténuée, il est vrai, mais dans une si faible proportion, et contre laquelle les meilleurs esprits appartenant à des partis politiques très éloignés commencent à faire campagne dans le but de donner un ressort à l'initiative individuelle, écrasée maintenant par la persistance de ce principe centralisateur, initiative individuelle toujours nécessaire chez un peuple, mais plus que jamais, à l'heure actuelle, à notre pays, pour pouvoir lutter avantageusement avec ses rivaux sur tous les terrains et soutenir dignement son rang dans le monde.

Or, précisément, le Referendum municipal est un agent puissant de développement d'initiative individuelle, puisqu'il remet à tout électeur le soin de prendre une détermination définitive sur une question d'intérêt général.

Avec lui, on intéresse directement tous les habitants à l'administration de leur commune, on développe la vie communale, et l'on fraye ainsi, lentement mais sûrement, le chemin de la décentralisation souhaitée aujourd'hui par tant d'hommes éminents.

Sur le terrain municipal, le Referendum ne se heurte pas à la critique qu'il encourt sur le terrain législatif, critique relative à l'incompétence du corps électoral. Ici, cette incompétence des électeurs n'existe pas.

La population d'une commune est consultée pour des cas sur lesquels elle est parfaitement à même d'avoir une opinion, et, même aujourd'hui, la loi reconnaît déjà formellement la compétence des habitants des communes pour certaines questions locales, en établissant l'enquête de *commodo et incommodo*.

Pourquoi alors les habitants des communes deviendraient-ils subitement incompétents quand, au lieu d'une enquête de *commodo et incommodo*, ils se trouveront en présence d'un Referendum portant sur une question d'intérêt communal, qu'ils connaissent aussi bien que celles sur lesquelles on demande leur avis, et un avis motivé, dans l'enquête de *commodo et incommodo*.

Les électeurs des communes ne seraient donc bons et capables que pour choisir leurs représentants, car, alors, si l'on n'admettait pas cette compétence, il faudrait, en bonne logique, supprimer le suffrage universel ; mais il est tout aussi difficile, peut-être même plus, de bien choisir un représentant qui puisse voter avec une capacité réelle sur les mesures les plus diverses, que de se prononcer affirmativement ou négativement sur les avantages d'une mesure d'intérêt communal.

Et d'ailleurs, au moment des élections municipales, les candidats à ces fonctions n'exposent-ils pas tout au long leurs programmes sur toute espèce de questions ? Et le vote que l'électeur donne alors n'est bien, en somme, qu'une sorte de Referendum municipal, mais de Referendum qui a le grave inconvénient d'être trop étendu et trop complexe pour avoir une véritable signification.

Ainsi, ce reproche d'incompétence du corps électoral, qui est assez fondé en matière législative, ne l'est pas du tout en matière communale, car le Referendum municipal, nous le répétons, ne porte que sur des questions présentant un intérêt direct et tangible pour la commune où il s'exerce, et qui, partant, peuvent nécessairement être saisies par tous ceux qui habitent la commune ; il ne s'agit que de mesures simples, claires et la plupart du temps financières, que les électeurs des communes comprennent parfaitement.

Du reste, quand on discute la compétence ou la non-compétence de l'électeur au point de vue communal, il faut placer la question sur son véritable terrain.

Il ne faut pas aller dire, par exemple, que c'est de l'imprudence, de la folie même, que de remettre à l'électeur le soin d'élaborer des taxes d'octroi, ou, s'il est question de supprimer les octrois, de leur demander par quelles taxes ils sont d'avis de remplacer le produit des octrois supprimés. Poser aux électeurs communaux la question en ces termes serait, en effet, plus que de l'imprudence; mais nous ne l'entendons pas ainsi.

La mesure que l'on doit soumettre, par la voie du Referendum, au vote populaire, est une mesure simple, claire, précise, ne comportant qu'une réponse directe, affirmative ou négative, par exemple : « Voulez-vous ou non la suppression des droits d'octroi sur les boissons hygiéniques ? » ; « Voulez-vous ou non la construction d'une caserne, d'une maison d'école ? » ; « Voulez-vous ou non, sur le territoire de la commune, l'admission des marchands forains ? », et nous soutenons que, pour donner une réponse à des questions semblables, la population des communes est absolument compétente, et capable de donner des réponses conformes aux intérêts bien compris de ces communes.

Mais la pratique du Referendum municipal ne va-t-elle pas entretenir, dans les communes, une agitation dangereuse et nuisible à leurs intérêts ?

Les consultations populaires nécessitent et provoquent des campagnes de presse, de conférences et de réunions publiques, qui surexcitent les masses et favorisent l'éclosion de troubles dans la rue.

Tous ces reproches seraient faits avec bien plus de raison, si on les adressait à la préparation des élections, mêmes municipales, car, dans ce cas, il y a en jeu des questions de personnes, des luttes de partis, et la polémique, forcément, en devient plus âpre que lorsqu'on se trouve en présence d'une simple mesure à approuver ou à rejeter, et où la politique pure n'a rien à voir.

Que ceux qui refusent de se rendre à ce raisonnement relisent les affiches électorales à la veille des scrutins, surtout celles que, dans le langage politique, on est convenu dé désigner sous le nom de « manœuvre de la dernière heure », et ils verront à quel diapason peut s'élever la lutte électorale.

Jamais nous ne pourrons croire qu'il en soit de même

pour le vote d'une mesure d'intérêt communal, où les questions de personnes ne se trouvent plus en jeu, et que les polémiques atteignent alors un tel degré d'acuité.

Les exemples viennent d'ailleurs à l'appui de l'opinion que nous soutenons ; qu'on regarde, avant de se prononcer, ce qui se passe en Suisse, et qu'on veuille bien nous dire quelles « agitations dangereuses », suivant le mot employé par M. le député Guillemet, dans son rapport à la séance de la chambre du 16 juin 1890 (1), la pratique du Referendum a soulevé dans les communes suisses.

« Jamais, dit à ce sujet M. P. Hymans, dans la *Revue de Belgique*, les consultations populaires n'ont été l'occasion de désordres ou de violences. Souvent, la nation se divise. La paix publique n'en ressent point d'atteinte, et les dissentiments que suscitent les plus brûlantes questions n'affaiblissent point, entre les citoyens, ces liens d'entente générale et commune auxquels la république helvétique doit son unité et son originalité. »

Nous concédons volontiers que le tempérament pacifique du peuple suisse joint à l'ancienne pratique du vote populaire, est pour quelque chose dans le calme qui préside à leurs Referendums, mais nous ne savons pas que, jusqu'à présent, les divers Referendums municipaux pratiqués en France aient mis à feu et à sang les communes où ils se sont exercés, ou même fait naître chez elles des troubles sérieux, bien que ces consultations se soient produites dans les régions les plus diverses, dans les populations à tempérament froid du Nord, comme dans celles à passions vives du Midi, et même quand le Referendum a porté sur des questions éminemment capables de surexciter les

---

(1) Rapport de M. Guillemet sur la proposition de loi déposée par M. de Mackau sur le Referendum limité aux questions d'ordre municipal. *Journal officiel.* Documents parlementaires. Chambre des députés. Année 1890. Annexe n° 582. Page 863.

esprits et de déchaîner les passions (1), toujours la consultation populaire s'est faite dans le plus grand calme.

Ce reproche d'agitation fait au Referendum municipal est donc contredit par l'expérience, et c'est aussi vainement qu'on lui reproche son inutilité.

Avec le Referendum municipal, vous allez, dit-on, déranger à tout propos les électeurs ; ils iront peut-être voter les premières fois, mais bientôt ils se lasseront, pour la plus grande partie du moins, et cette consultation populaire, qui doit donner la véritable manière de voir de l'opinion générale, ne sera ainsi, le plus souvent, que l'expression d'une infime minorité.

Mais, d'abord, il ne s'agit pas de consulter à tout propos les électeurs ; on ne les dérangera (et, il faut le reconnaître, le dérangement n'est pas bien grand) que pour les mesures essentielles et sur lesquelles l'avenir financier de la commune se trouve engagé.

De plus, ce mal des abstentions nombreuses. qu'on vient reprocher ici au Referendum, n'existe-t-il pas, à l'heure actuelle, pour les élections, quelles qu'elles soient ? Et ce n'est pas au mode de votation qu'il faut s'en prendre, mais bien à l'indifférence du corps électoral du peuple où elles se produisent. Elles se produiront, croyons-nous, en moins grand nombre avec un système qui, comme le Referendum municipal, réveille l'activité individuelle et intéresse plus directement et plus immédiatement chaque électeur au résultat de son vote.

L'expérience vient aussi le prouver.

Dans les différentes tentatives de Referendum municipal faites en France, le nombre des abstentions est sensiblement le même que pour les élections ordinaires, et si, dans certaines consultations populaires, comme à Dijon, par exemple, le nombre des abstentions s'est élevé à un chiffre

---

(1) Nous voulons parler ici du Referendum cité plus haut et pratiqué à Beauvais en juin 1896.

formidable, cette progression dans la quantité des abstenants ne tient pas au Referendum lui-même, mais à la manière dont on l'a mis en pratique (1).

Enfin, du jour où le Referendum municipal aurait reçu, en France, une existence officielle, les abstentions décroîtraient bien davantage encore, en permettant de prendre part à ces consultations populaires à un certain nombre d'électeurs qui, frappés par la non-reconnaissance légale du Referendum, y voient toujours un procédé révolutionnaire et, pour ce motif, refusent absolument d'y participer.

Le Referendum municipal doit être impitoyablement repoussé, au dire de certains hommes politiques, car il est la doublure du plébiscite et fraye nécessairement le chemin au césarisme.

Nous avons déjà montré plus haut les différences absolument essentielles qui séparent le plébiscite du Referendum, ces deux institutions n'ayant de commun que les apparences (2).

Ce reproche théorique porte à faux et, d'ailleurs, c'est sur le terrain constitutionnel qu'on peut vraiment l'adresser au Referendum, et non sur le terrain municipal ; il est, de plus, démenti formellement par les faits.

C'est, en effet, dans les pays où le Referendum a une existence légale que règne le moins la tendance au césarisme.

Les États-Unis et la Suisse en sont deux exemples frappants.

« Le peuple suisse, comme le dit très justement M. Numa Droz, s'occupe peu des questions de personne. Il sent qu'il

(1) Nous voulons parler ici du Referendum municipal pratiqué à Dijon en 1897 sur la suppression des droits d'octroi. Cette consultation populaire n'eut qu'un caractère officieux, puisqu'elle était faite par l'entremise de la Bourse du travail.

(2) Dans les deux consultations populaires, en effet, les bulletins de vote sont libellés d'une façon identique : « oui » ou « non ».

est le maître et que, par conséquent, les hommes qu'il a mis au pouvoir ne peuvent exercer qu'une influence très modérée sur la marche des affaires. Son gouvernement a ainsi, à ses yeux, un caractère essentiellement impersonnel. »

Ne pouvant plus attaquer le Referendum municipal sur ce terrain, en cherchant à le perdre en le compromettant au point de vue politique, ses adversaires l'accusent de faire double emploi avec une autre institution existant en France : l'enquête de *commodo et incommodo*. Vous voulez le Referendum communal. A quoi bon? L'enquête de *commodo et incommodo* est certes bien suffisante et, d'ailleurs, remarquez combien peu d'électeurs comparaissent à cette enquête; ce sera bien pire avec le Referendum, qui deviendra ainsi une institution sans aucune valeur pratique.

L'objection tombe à faux, ici aussi; ce n'est pas que nous voulions critiquer en aucune manière l'enquête de *commodo et incommodo*, qui est très utile et rend de grands services.

Mais d'abord cette enquête est restreinte à des cas déterminés, et partant ne peut pas faire double emploi avec le Referendum, dont le champ d'application se trouve être beaucoup plus vaste ; de plus, elle est décrétée par l'administration et n'émane en aucune façon des électeurs ; c'est en effet le préfet ou le sous-préfet qui la prescrit.

Enfin elle a un inconvénient que ne comporte pas le Referendum : elle implique une déclaration nominative devant un commissaire enquêteur, tandis que le Referendum respecte le secret du vote et, partant, nombre de gens, qui n'osent venir faire connaître leur manière de voir en déclarant leur nom (et c'est une des principales raisons pour lesquelles, dans ces enquêtes, il y a assez peu d'opinions émises), n'auront plus la même crainte quand ils se trouveront en présence d'un Referendum où le vote, comme dans les élections ordinaires, est absolument anonyme.

On paraît craindre aussi que le Referendum municipal
ne soit, pour les communes, une source de dépenses nouvelles ; ce serait vrai s'il s'agissait d'un Referendum obligatoire pour toutes les délibérations prises par les conseils
municipaux, mais telle n'a jamais été notre pensée ; les
décisions vraiment importantes, et surtout celles engageant l'avenir financier des communes, n'étant pas aussi
nombreuses que cela, et devant seules faire l'objet de consultations populaires.

Si la pratique du Referendum était si coûteuse, il faudrait admettre que la Suisse est un pays à ressources iné-
puisables, puisque, depuis longtemps, il est pratiqué dans
ce pays et que les habitants n'en succombent pas pour
cela sous le poids des impôts.

Enfin, croit-on que les dépenses nécessitées par les
Referendums municipaux ne seraient pas contrebalancées,
et au delà, par le frein salutaire que ces consultations
populaires imposeraient aux délibérations des conseils
municipaux qui grèvent assez souvent les budgets des
communes de nombreux centimes additionnels et, ce, pour
un long espace de temps ?

Ainsi s'évanouissent une à une toutes les objections
qu'on peut formuler contre le Referendum municipal ;
elles ne résistent pas à un examen sérieux, tandis que,
pour tout esprit sans parti pris, la pratique, sage et modérée, bien entendu, du Referendum municipal présente
des avantages indéniables.

Le Referendum municipal serait un premier pas dans
la voie de la décentralisation, tant souhaitée aujourd'hui ;
or, cette décentralisation, pour pouvoir donner d'heureux
résultats, doit commencer par une extension des attributions municipales, par une certaine autonomie communale, et c'est précisément le but atteint par l'exercice du
Referendum municipal qui établit pour les électeurs des
communes, au sujet de questions financières d'intérêt
communal, à la fois un contrôle et un droit de décision.

Le Referendum municipal a aussi l'avantage de mainte-nir les élus en communauté d'idées avec leurs électeurs ; et par là même, il donne beaucoup de force aux décisions prises par les conseillers muncipaux, et ratifiées par le corps électoral.

Les élus, appuyés par l'avis conforme de leurs électeurs, verront se maintenir une heureuse entente avec la population qu'ils sont chargés d'administrer, et auront ainsi de grandes chances de voir leurs mandats municipaux se renouveler ; et qui oserait soutenir que cette stabilité des conseillers municipaux ne contribuera pas à la prospérité des communes où elle se produira, en faisant disparaître chez elles, l'âpreté des luttes électorales et ces agitations stériles, qui jettent, même dans les campagnes, des brandons de discorde, que de longues années parfois réussissent à peine à éteindre ?

Le Referendum municipal sera surtout un frein puissant imposé aux tendances dépensières des conseils munici-paux, frein d'autant plus nécessaire aujourd'hui que, depuis la loi de 1882, qui a supprimé l'adjonction des plus haut imposés en matière d'impôts extraordinaires ou d'emprunts, il ne subsiste, en matière financière, aucun contre poids, en dehors de la tutelle du préfet, et ce contre poids est trop faible, à notre avis, aux pouvoirs des conseils municipaux.

Nous reconnaissons que la consultation des plus haut imposés, qui faisait revivre le système censitaire, était inconciliable avec le principe du suffrage universel ; mais, en la supprimant, on aurait dû non anéantir, mais rem-placer ce moyen de contrôle, par un autre plus conforme au régime démocratique actuel.

Cet autre moyen de contrôle, cet autre frein à opposer aux dépenses communales excessives, est tout indiqué : c'est le Referendum municipal, auquel tout le monde participe, sans distinction de cens, et qui a donné, comme nous l'avons vu, de très heureux résultats, en retenant sur la pente dangereuse des augmentations incessantes de dépenses les assemblées élues, toujours prètes à céder à cette tendance pour des motifs souvent utiles au bien public, nous l'accordons, mais parfois aussi purement électoraux.

Les exemples, que nous avons cités de Referendums municipaux nous ont permis de constater qu'en France, comme en Suisse, le Referendum avait les mêmes tendances économiques et pouvait ainsi rendre les mêmes services.

Presque tout le monde d'ailleurs s'accorde à reconnaître qu'il faut s'arrêter dans la voie dangereuse des dépenses, et ceci non seulement au point de vue communal, mais aussi au point de vue législatif.

Il est facile, en effet, de constater que, chaque année, au moment de la discussion du budget, les chiffres proposés par la commission du budget sont majorés dans de fortes proportions par des amendements émanant des députés, et ce à un tel point que, cette année même, un grand nombre de députés ont déposé un projet de loi restreignant sensiblement l'initiative parlementaire à ce point de vue (1).

(1) Nous voulons parler ici de l'amendement Berthelot qui fut adopté par 309 voix coutre 217, à la séance de la chambre du 16 mars 1900. Il était ainsi conçu ; « Aucune proposition tendant soit à des augmentations de traitements, d'indemnités ou de pensions, soit à des créations de services, d'emplois, de pensions ou à leur extension en dehors des limites prévues par les lois en vigueur, ne peut être faite sous forme d'amendement ou d'article additionnel au budget. »

Cet amendement, d'après le désir de son auteur, aurait dû être inséré dans la loi de finances, ce qui lui eût assuré une fixité certaine en admettant que le sénat ne s'y montrât pas hostile : mais à une majorité de 10 voix, la chambre déclara une semblable mesure inconstitutionnelle et pour la faire adopter, grâce à l'intervention de MM. Rouvier et Aymond, on présenta l'amendement comme modification au règlement de la chambre et ainsi il fut adopté par 309, voix contre 217.

. Nous aimons à croire que la chambre s'en souviendra en temps utile et hésitera à le faire disparaître de son règlement. La majorité qui s'est prononcée pour l'adoption de cet amendement nous paraît constituer à cet égard une garantie sérieuse.

Sur le terrain communal, le frein à l'augmentation incessante des dépenses est le Referendum municipal ; il a déjà fonctionné avec succès : il ne reste plus qu'à étendre son empire, en le consacrant législativement.

Le Referendum municipal offre encore l'avantage de résoudre définitivement les questions sur lesquelles les élus des communes sont divisés, et de mettre fin ainsi à d'interminables discussions qui peuvent, à la longue, compromettre la bonne administration dans une commune.

Il arrive parfois, que dans une assemblée communale, sur une question importante, deux fractions égales se forment, l'une opinant dans un sens, l'autre dans l'autre. Aucune des deux fractions ne veut céder : à qui soumettre le différend ? En bonne logique, c'est au maître, au souverain qu'il faut s'adresser; or, ce souverain quel est-il ? C'est sans contredit le suffrage universel. Et comment le consulter ? Par une démission collective de l'asssmblée municipale, dit-on. Mais il faut d'abord qu'elle y consente. De plus, ce peut, très bien, ne pas être une solution, les électeurs pouvant parfaitement renommer les mêmes conseillers municipaux qui personnellement leur sont très sympathiques, et, dans tous les cas, c'est le trouble et l'agitation qui du sein de l'assemblée municipale se répandront dans la commune entière.

Avec le Referendum municipal, au contraire, la décision souveraine du peuple mettra fin au différend, et indiquera véritablement le sentiment de la population sur la question en litige.

Enfin, et c'est ici son plus grand avantage, le Referendum communal serait en France un excellent moyen d'éducation morale et politique.

Le système actuel, d'après lequel les électeurs ne sont appelés à donner leur avis que tous les quatre ans, les tient forcément éloignés de toute participation sérieuse, aux affaires communales et pousse la majorité d'entre eux à s'en désintéresser de plus en plus : ils ne retrouvent l'occasion de s'en occuper qu'au moment des périodes électorales, mais, alors, malheureusement, les questions de personnes et de partis passent au premier plan et les affaires d'intérêt communal échappent le plus souvent à l'électeur, qui, les connaissant mal, ne cherchera pas à les étudier, et tend, l'indifférence aidant, à grossir le nombre de ceux qui, même une fois tous les quatre ans, jugent inutile de se déranger pour aller voter.

Avec la pratique du Referendum municipal au contraire les questions d'intérêt communal sont placées sous les yeux de l'électeur ; la manière de les résoudre dépend de lui, pour certaines d'entre elles, bien entendu, et étant appelé à émettre directement un avis, l'électeur songera à étudier la question à lui soumise; il y réfléchira pour pouvoir émettre un vote en connaissance de cause, et, votant ainsi sur une mesure dont il est l'arbitre, il sentira vraiment qu'il fait partie de la commune, et verra naître en lui le sentiment de la responsabilité personnelle : et c'est précisément en développant cette responsabilité dans la masse des électeurs qu'on la moralise et qu'on l'améliore, et, certes, c'est un résultat assez beau et assez élevé pour faire oublier les quelques objections qu'on a pu opposer au Referendum municipal.

CONCLUSION

Le Referendum municipal présente donc de sérieux
avantages, que nous venons d'indiquer, au point de vue
théorique, et qui sont, de plus, justifiés par la pratique de
cette institution en Suisse comme en France.

Dans notre pays, en effet, il y a eu, depuis douze ans, un
mouvement en faveur du Referendum municipal, mouvement qui a pris naissance dans les régions les plus différentes au point de vue de leurs opinions politiques.

Ce mouvement s'étend très lentement, nous le reconnaissons, et précisément parce qu'il manque d'une base
solide, l'organisation légale.

Ne ferait-on pas mieux, au lieu de chercher à l'enrayer,
comme on l'a tenté vainement en 1889, de donner droit de
cité définitif en France au Referendum municipal, de le
reconnaître comme une institution politique officielle ? Tel
est le vœu que nous formons comme conclusion à notre
étude sur le Referendum.

Nous souhaitons que nos législateurs, dans un avenir le
plus rapproché possible, modifient la loi municipale de
1884 qui a le grave inconvénient de s'appliquer indistinc-
tement à toutes les communes de France, quelles que
soient leur importance et leur population. On remédierait
à cet inconvénient en établissant une législation différente
pour les grands centres et pour les communes de moindre
importance, et c'est chez ces dernières qu'il faudrait d'abord
établir le fonctionnement du Referendum municipal, qui

n'aurait à résoudre que des questions simples et à la portée
des électeurs : ce serait la préface sage et logique de l'introduction progressive de cette institution dans les communes
plus importantes, où il aurait à porter sur des questions plus
compliquées, et même parfois très délicates, comme celles
relatives aux monopoles ou aux traités à passer avec les
Compagnies de transport, d'éclairage, de distribution
d'eau.

Le Referendum municipal, que nous désirons, devrait
être facultatif, et, dans les premières années de son application, dépendre uniquement des conseils municipaux,
qui décideraient souverainement, si oui ou non il doit être
mis en mouvement pour ratifier ou repousser telle ou telle
de leurs décisions, ou telle proposition en discussion
devant eux.

Puis, plus tard, quand il aurait été ainsi pratiqué, la loi
viendrait étendre son applicabilité en permettant aux
électeurs des communes, pourvu qu'ils soient en nombre
suffisant (s'ils réunissent, par exemple, le tiers des électeurs inscrits de la commune), d'en demander l'exercice
sur une décision prise par les conseils municipaux.

Il serait bien entendu que le Referendum municipal ne
pourrait porter que sur les décisions que le conseil municipal peut légalement prendre, et jamais sur des vœux
d'allure politique (que trop souvent, malheureusement,
les assemblées communales se laissent aller à voter).

Surtout, nous voudrions le voir porter sur les questions
financières, sur les grandes réformes municipales engageant l'avenir des communes, par des impôts nouveaux ou
des emprunts.

On n'abuserait pas de ces consultations populaires, qui
ne devraient avoir lieu que relativement à des mesures
très importantes entraînant une somme déterminée de
dépenses, somme variable d'après l'importance et la population des communes.

Autrement, en consultant à tout propos et hors de propos les électeurs municipaux, on arriverait à les lasser et à discréditer l'institution, en lui faisant jouer un rôle indigne d'elle.

Nous avons déjà indiqué les points principaux sur lesquels les électeurs des communes pourraient être utilement consultés ; nous les répétons ici, en mettant en première ligne l'importante question, très à l'ordre du jour aujourd'hui, de la suppression ou du maintien des droits d'octroi, les questions de construction de casernes ou d'écoles, les grands travaux publics d'intérêt communal, percement de nouvelles voies de communications, construction de squares ou de places, de marchés couverts ou de réseaux d'égouts ; édification de salles de spectacles et subventions à leur accorder ou à leur refuser ; toutes questions sur lesquelles le Referendum municipal serait absolument compétent et pour lesquelles il est capable de donner les solutions les plus avantageuses aux intérêts des communes.

Ainsi, par cette mise en pratique prudente, modérée et sagement progressive du Referendum municipal, la vie communale irait, en France, en se développant.

L'électeur, s'habituant à peser par lui-même les solutions à donner aux affaires d'intérêt communal, perdrait goût à ces mesquines questions de personnes, à ces irritantes et stériles polémiques de parti qui occupent, aujourd'hui, hélas! une place trop grande dans toutes les élections.

L'esprit public, s'élevant au-dessus de ces petitesses, sentirait mieux ce que doit être vraiment un gouvernement libre, et la démocratie, consciente de sa responsabilité, ayant appris, par la pratique du Referendum municipal, à discuter et à se déterminer par elle-même, serait alors capable de prendre une part de plus en plus prépondérante dans la direction des affaires du pays.

Vu :
Lyon le 8 juillet 1900.

Le Président de la Thèse,
C. APPLETON.

Vu :
Lyon, le 10 juillet 1900.

Le Doyen de la Faculté,
E. CAILLEMER.

Permis d'imprimer,
Lyon, le 11 juillet 1900,

Le Recteur de l'Académie,
Président du Conseil de l'Université,
G. COMPAYRÉ.

BIBLIOGRAPHIE

Annuaire de la Législation étrangère

APPLETON. — *Cours de droit constitutionnel comparé, professé à la faculté de Droit de Lyon.* Année 1897.

BÉCHAUX. — *Une institution démocratique : le Referendum.* Dans le Correspondant, t. 167, livraison d'avril 1892, p. 247 et suivantes.

BENNER. — *Intervention directe des électeurs dans la gestion des affaires municipales.* Montpellier, 1897.

BERNER. — *Etude sur le régime de l'alcool en Norvège.* Revue politique et parlementaire, t. X, p. 401 et suivantes.

BRISSAUD. — *Le Referendum en Suisse.* Revue générale du droit, de législation et de jurisprudence. Année 1888, p. 402 et suivantes.

BRYCE. — *The American Commonwealth.* New-York et Londres, 1896.

CONSTANT (Benjamin). — *Réflexion sur les constitutions, la distribution des pouvoirs et les garanties dans une monarchie constitutionnelle.* Paris, 1814.

DARESTE. — *Les constitutions modernes.* Paris, 1893.

DEBACQ. — *Le Referendum. Etude de législation comparée.* Paris, 1896.

DEPLOIGE. — *Le Referendum en Suisse, précédé d'une lettre sur le Referendum en Belgique, par S. Van den Heuvel, professeur à l'Université de Louvain.* Bruxelles, 1892.

DESCHANEL. — *La Décentralisation.* Paris, Nancy, 1895.

DROZ (Numa). — Voir Revue politique et parlementaire. Livraison de juillet, 1894.

DUVERGIER DE HAURANNE. — Voir Revue des deux mondes. Année 1873. Livraison du 15 avril. *La Suisse et la revision de sa constitution.*

ESMEIN. — *Eléments de droit constitutionnel.* Paris, 1895.

DE HAULEVILLE. — *Le Referendum royal.* Bruxelles, 1892.

Alexandre de Haye. — *Etude sur la réforme de l'administration locale en Angleterre.* Loi du 3 mars 1894 sur les conseils de paroisse. Bulletin mensuel de la société de législation comparée. Mars 1895.

Hauriou. — *Précis de droit administratif.* Paris, 1897.

Hilty. — *Le Referendum et l'initiative en Suisse.* Dans Revue de droit international et de législation comparée. Année 1892, t. XXIV.

De Laveleye. — *Le Gouvernement dans la démocratie.* Paris, 1891.

Lorand. — *Le Referendum.* Bruxelles, 1890.

Montesquieu. — *L'esprit des lois.*

Oberholtzer. — *The Referendum in America.* Philadelphie, 1893,

Un Progressiste. — *Le Referendum en France et le futur programme du parti progressiste.* Dans Revue politique et parlementaire du 10 novembre 1897, p. 248 et suivantes.

Rousseau. — *Le Contrat social.*

Saleilles. — *Analyse de l'ouvrage de M. Oberholtzer : le Referendum en Amérique.* Revue du droit public et de la science politique. Septembre-octobre 1894, p. 342 et suivantes.

Signorel. — *Etude de législation comparée sur le Referendum législatif.* Paris, 1896.

Robert de la Sizeranne. — *Le Referendum communal.* Paris, 1893.

De Tocqueville. — *La démocratie en Amérique.* Paris, 1840.

TABLE DES MATIÈRES

33.505 — Lyon, imprimerie du *Salut Public*, rue Molière, 71.